FRANS
WOORDENSCHAT

THEMATISCHE WOORDENLIJST

NEDERLANDS FRANS

De meest bruikbare woorden
Om uw woordenschat uit te breiden en
uw taalvaardigheid aan te scherpen

5000 woorden

Thematische woordenschat Nederlands-Frans - 5000 woorden
Door Andrey Taranov

Woordenlijsten van T&P Books zijn bedoeld om u woorden van een vreemde taal te helpen leren, onthouden, en bestudering. Dit woordenboek is ingedeeld in thema's en behandelt alle belangrijk terreinen van het dagelijkse leven, bedrijven, wetenschap, cultuur, etc.

Het proces van het leren van woorden met behulp van de op thema's gebaseerde aanpak van T&P Books biedt u de volgende voordelen:

- Correct gegroepeerde informatie is bepalend voor succes bij opeenvolgende stadia van het leren van woorden
- De beschikbaarheid van woorden die van dezelfde stam zijn maakt het mogelijk om woordgroepen te onthouden (in plaats van losse woorden)
- Kleine groepen van woorden faciliteren het proces van het aanmaken van associatieve verbindingen, die nodig zijn bij het consolideren van de woordenschat
- Het niveau van talenkennis kan worden ingeschat door het aantal geleerde woorden

Copyright © 2015 T&P Books Publishing

Alle rechten voorbehouden. Niets uit deze uitgave mag worden verveelvoudigd, opgeslagen in een geautomatiseerd gegevensbestand en/of openbaar gemaakt in enige vorm of op enige wijze, hetzij elektronisch, mechanisch, door fotokopieën, opnamen of op enige andere manier zonder voorafgaande schriftelijke toestemming van de uitgever. U mag dit boek niet verspreiden in welk formaat dan ook.

T&P Books Publishing
www.tpbooks.com

ISBN: 978-1-78492-362-4

Dit boek is ook beschikbaar in e-boek formaat.
Gelieve www.tpbooks.com te bezoeken of de belangrijkste online boekwinkels.

FRANSE WOORDENSCHAT
nieuwe woorden leren

T&P Books woordenlijsten zijn bedoeld om u te helpen vreemde woorden te leren, te onthouden, en te bestuderen. De woordenschat bevat meer dan 5000 veel gebruikte woorden die thematisch geordend zijn.

- De woordenlijst bevat de meest gebruikte woorden
- Aanbevolen als aanvulling bij welke taalcursus dan ook
- Voldoet aan de behoeften van de beginnende en gevorderde student in vreemde talen
- Geschikt voor dagelijks gebruik, bestudering en zelftestactiviteiten
- Maakt het mogelijk om uw woordenschat te evalueren

Bijzondere kenmerken van de woordenschat

- De woorden zijn gerangschikt naar hun betekenis, niet volgens alfabet
- De woorden worden weergegeven in drie kolommen om bestudering en zelftesten te vergemakkelijken
- Woorden in groepen worden verdeeld in kleine blokken om het leerproces te vergemakkelijken
- De woordenschat biedt een handige en eenvoudige beschrijving van elk buitenlands woord

De woordenschat bevat 155 onderwerpen zoals:

Basisconcepten, getallen, kleuren, maanden, seizoenen, meeteenheden, kleding en accessoires, eten & voeding, restaurant familieleden, verwanten, karakter, gevoelens, emoties, ziekten, stad, dorp, bezienswaardigheden, winkelen, geld, huis, thuis, kantoor, werken op kantoor, import & export, marketing, werk zoeken, sport, onderwijs, computer, internet, gereedschap, natuur, landen, nationaliteiten en meer ...

INHOUDSOPGAVE

Uitspraakgids	9
Afkortingen	11

BASISBEGRIPPEN	13
Basisbegrippen Deel 1	13
1. Voornaamwoorden	13
2. Begroetingen. Begroetingen. Afscheid	13
3. Hoe aan te spreken	14
4. Kardinale getallen. Deel 1	14
5. Kardinale getallen. Deel 2	15
6. Ordinale getallen	16
7. Getallen. Breuken	16
8. Getallen. Eenvoudige berekeningen	16
9. Getallen. Diversen	16
10. De belangrijkste werkwoorden. Deel 1	17
11. De belangrijkste werkwoorden. Deel 2	18
12. De belangrijkste werkwoorden. Deel 3	19
13. De belangrijkste werkwoorden. Deel 4	20
14. Kleuren	21
15. Vragen	21
16. Voorzetsels	22
17. Functiewoorden. Bijwoorden. Deel 1	22
18. Functiewoorden. Bijwoorden. Deel 2	24

Basisbegrippen Deel 2	26
19. Dagen van de week	26
20. Uren. Dag en nacht	26
21. Maanden. Seizoenen	27
22. Meeteenheden	29
23. Containers	30

MENS	31
Mens. Het lichaam	31
24. Hoofd	31
25. Menselijk lichaam	32

Kleding en accessoires	33
26. Bovenkleding. Jassen	33
27. Heren & dames kleding	33

28. Kleding. Ondergoed	34
29. Hoofddeksels	34
30. Schoeisel	34
31. Persoonlijke accessoires	35
32. Kleding. Diversen	35
33. Persoonlijke verzorging. Schoonheidsmiddelen	36
34. Horloges. Klokken	37

Voedsel. Voeding   38

35. Voedsel	38
36. Drankjes	39
37. Groenten	40
38. Vruchten. Noten	41
39. Brood. Snoep	42
40. Bereide gerechten	42
41. Kruiden	43
42. Maaltijden	44
43. Tafelschikking	45
44. Restaurant	45

Familie, verwanten en vrienden   46

45. Persoonlijke informatie. Formuleren	46
46. Familieleden. Verwanten	46

Geneeskunde   48

47. Ziekten	48
48. Symptomen. Behandelingen. Deel 1	49
49. Symptomen. Behandelingen. Deel 2	50
50. Symptomen. Behandelingen. Deel 3	51
51. Artsen	52
52. Geneeskunde. Medicijnen. Accessoires	52

HET MENSELIJKE LEEFGEBIED   54
Stad   54

53. Stad. Het leven in de stad	54
54. Stedelijke instellingen	55
55. Borden	56
56. Stedelijk vervoer	57
57. Bezienswaardigheden	58
58. Winkelen	59
59. Geld	60
60. Post. Postkantoor	61

Woning. Huis. Thuis   62

61. Huis. Elektriciteit	62

62.	Villa. Herenhuis	62
63.	Appartement	62
64.	Meubels. Interieur	63
65.	Beddengoed	64
66.	Keuken	64
67.	Badkamer	65
68.	Huishoudelijke apparaten	66

MENSELIJKE ACTIVITEITEN 67
Baan. Business. Deel 1 67

69.	Kantoor. Op kantoor werken	67
70.	Bedrijfsprocessen. Deel 1	68
71.	Bedrijfsprocessen. Deel 2	69
72.	Productie. Werken	70
73.	Contract. Overeenstemming.	71
74.	Import & Export	72
75.	Financiën	72
76.	Marketing	73
77.	Reclame	74
78.	Bankieren	74
79.	Telefoon. Telefoongesprek	75
80.	Mobiele telefoon	76
81.	Schrijfbehoeften	76
82.	Soorten bedrijven	76

Baan. Business. Deel 2 79

83.	Show. Tentoonstelling	79
84.	Wetenschap. Onderzoek. Wetenschappers	80

Beroepen en ambachten 82

85.	Zoeken naar werk. Ontslag	82
86.	Zakenmensen	82
87.	Dienstverlenende beroepen	83
88.	Militaire beroepen en rangen	84
89.	Ambtenaren. Priesters	85
90.	Agrarische beroepen	85
91.	Kunst beroepen	86
92.	Verschillende beroepen	86
93.	Beroepen. Sociale status	88

Onderwijs 89

94.	School	89
95.	Hogeschool. Universiteit	90
96.	Wetenschappen. Disciplines	91
97.	Schrift. Spelling	91
98.	Vreemde talen	92

Rusten. Entertainment. Reizen	94
99. Trip. Reizen	94
100. Hotel	94

TECHNISCHE APPARATUUR. VERVOER 96
Technische apparatuur 96

101. Computer	96
102. Internet. E-mail	97
103. Elektriciteit	98
104. Gereedschappen	98

Vervoer 101

105. Vliegtuig	101
106. Trein	102
107. Schip	103
108. Vliegveld	104

Gebeurtenissen in het leven 106

109. Vakanties. Evenement	106
110. Begrafenissen. Begrafenis	107
111. Oorlog. Soldaten	107
112. Oorlog. Militaire acties. Deel 1	108
113. Oorlog. Militaire acties. Deel 2	110
114. Wapens	111
115. Oude mensen	113
116. Middeleeuwen	114
117. Leider. Baas. Autoriteiten	115
118. De wet overtreden. Criminelen. Deel 1	116
119. De wet overtreden. Criminelen. Deel 2	117
120. Politie. Wet. Deel 1	118
121. Politie. Wet. Deel 2	119

NATUUR 121
De Aarde. Deel 1 121

122. De kosmische ruimte	121
123. De Aarde	122
124. Windrichtingen	123
125. Zee. Oceaan	123
126. Namen van zeeën en oceanen	124
127. Bergen	125
128. Bergen namen	126
129. Rivieren	126
130. Namen van rivieren	127
131. Bos	127
132. Natuurlijke hulpbronnen	128

De Aarde. Deel 2 — 130

133. Weer — 130
134. Zwaar weer. Natuurrampen — 131

Fauna — 132

135. Zoogdieren. Roofdieren — 132
136. Wilde dieren — 132
137. Huisdieren — 133
138. Vogels — 134
139. Vis. Zeedieren — 136
140. Amfibieën. Reptielen — 136
141. Insecten — 137

Flora — 138

142. Bomen — 138
143. Heesters — 138
144. Vruchten. Bessen — 139
145. Bloemen. Planten — 140
146. Granen, graankorrels — 141

LANDEN. NATIONALITEITEN — 142

147. West-Europa — 142
148. Centraal- en Oost-Europa — 142
149. Voormalige USSR landen — 143
150. Azië — 143
151. Noord-Amerika — 144
152. Midden- en Zuid-Amerika — 144
153. Afrika — 145
154. Australië. Oceanië — 145
155. Steden — 145

UITSPRAAKGIDS

Letter	Frans voorbeeld	T&P fonetisch alfabet	Nederlands voorbeeld

Klinkers

A a	cravate	[a]	acht
E e	mer	[ɛ]	elf, zwembad
I i [1]	hier	[j]	New York, januari
I i [2]	musique	[i]	bidden, tint
O o	porte	[o], [ɔ]	overeenkomst, bot
U u	rue	[y]	fuut, uur
Y y [3]	yacht	[j]	New York, januari
Y y [4]	type	[i]	bidden, tint

Medeklinkers

B b	robe	[b]	hebben
C c [5]	place	[s]	spreken, kosten
C c [6]	canard	[k]	kennen, kleur
Ç ç	leçon	[s]	spreken, kosten
D d	disque	[d]	Dank u, honderd
F f	femme	[f]	feestdag, informeren
G g [7]	page	[ʒ]	journalist, rouge
G g [8]	gare	[g]	goal, tango
H h	héros	[h]	stille [h]
J j	jour	[ʒ]	journalist, rouge
K k	kilo	[k]	kennen, kleur
L l	aller	[l]	delen, luchter
M m	maison	[m]	morgen, etmaal
N n	nom	[n]	nemen, zonder
P p	papier	[p]	parallel, koper
Q q	cinq	[k]	kennen, kleur
R r	mars	[r]	rollende [r]
S s [9]	raison	[z]	zeven, zesde
S s [10]	sac	[s]	spreken, kosten
T t	table	[t]	tomaat, taart
V v	verre	[v]	beloven, schrijven
W w	Taïwan	[w]	twee, willen
X x [11]	expliquer	[ks]	links, maximaal
X x [12]	exact	[gz]	[g] als in goal + [z]
X x [13]	dix	[s]	spreken, kosten

Letter	Frans voorbeeld	T&P fonetisch alfabet	Nederlands voorbeeld
X x [14]	dixième	[z]	zeven, zesde
Z z	zéro	[z]	zeven, zesde

Lettercombinaties

ai	faire	[ɛ]	elf, zwembad
au	faute	[o], [o:]	aankomst, rood
ay	payer	[eı]	Azerbeidzjan
ei	treize	[ɛ]	elf, zwembad
eau	eau	[o], [o:]	aankomst, rood
eu	beurre	[ø]	neus, beu
œ	œil	[ø]	neus, beu
œu	cœur	[ø:]	lange 'uh' als in deur
ou	nous	[u]	hoed, doe
oi	noir	[wa]	zwart, wachten
oy	voyage	[wa]	zwart, wachten
qu	quartier	[k]	kennen, kleur
ch	chat	[ʃ]	shampoo, machine
th	thé	[t]	tomaat, taart
ph	photo	[f]	feestdag, informeren
gu [15]	guerre	[g]	goal, tango
ge [16]	géographie	[ʒ]	journalist, rouge
gn	ligne	[ɲ]	cognac, nieuw
on, om	maison, nom	[ɔ̃]	nasale [o]

Opmerkingen

[1] voor klinkers
[2] elders
[3] voor klinkers
[4] elders
[5] voor e, i, y
[6] elders
[7] voor e, i, y
[8] elders
[9] tussen twee klinkers
[10] elders
[11] in de meeste gevallen
[12] zelden
[13] in dix, six, soixante
[14] in dixième, sixième
[15] voor e, i, u
[16] voor a, o, y

AFKORTINGEN
gebruikt in de woordenschat

Nederlandse afkortingen

mann.	-	mannelijk
vrouw.	-	vrouwelijk
mv.	-	meervoud
on.ww.	-	onovergankelijk werkwoord
ov.ww.	-	overgankelijk werkwoord
bn	-	bijvoeglijk naamwoord
bw	-	bijwoord
abn	-	als bijvoeglijk naamwoord
bijv.	-	bijvoorbeeld
enz.	-	enzovoort
wisk.	-	wiskunde
enk.	-	enkelvoud
ov.	-	over
mil.	-	militair
vn	-	voornaamwoord
telb.	-	telbaar
form.	-	formele taal
ontelb.	-	ontelbaar
inform.	-	informele taal
vw	-	voegwoord
vz	-	voorzetsel
ww	-	werkwoord

Nederlandse artikelen

de	-	gemeenschappelijk geslacht
het	-	onzijdig
de/het	-	onzijdig, gemeenschappelijk geslacht

Franse afkortingen

m	-	mannelijk zelfstandig naamwoord
f	-	vrouwelijk zelfstandig naamwoord
pl	-	meervoud
m pl	-	mannelijk meervoud
f pl	-	vrouwelijk meervoud

m, f	-	mannelijk, vrouwelijk
vt	-	overgankelijk werkwoord
vi	-	onovergankelijk werkwoord
adj	-	bijvoeglijk naamwoord
adv	-	bijwoord
conj	-	voegwoord
prep	-	voorzetsel
pron	-	voornaamwoord
v aux	-	hulp werkwoord
v imp	-	onpersoonlijk werkwoord
vi, vt	-	onovergankelijk, overgankelijk werkwoord
vp	-	pronominaal werkwoord
etc.	-	enzovoort

BASISBEGRIPPEN

Basisbegrippen Deel 1

1. Voornaamwoorden

ik	je	[ʒə]
jij, je	tu	[ty]
hij	il	[il]
zij, ze	elle	[εl]
het	ça	[sa]
wij, we	nous	[nu]
jullie	vous	[vu]
zij, ze (mann.)	ils	[il]
zij, ze (vrouw.)	elles	[εl]

2. Begroetingen. Begroetingen. Afscheid

Hallo! Dag!	Bonjour!	[bɔ̃ʒur]
Hallo!	Bonjour!	[bɔ̃ʒur]
Goedemorgen!	Bonjour!	[bɔ̃ʒur]
Goedemiddag!	Bonjour!	[bɔ̃ʒur]
Goedenavond!	Bonsoir!	[bɔ̃swar]
gedag zeggen (groeten)	dire bonjour	[dir bɔ̃ʒur]
Hoi!	Salut!	[saly]
groeten (het)	salut (m)	[saly]
verwelkomen (ww)	saluer (vt)	[salɥe]
Hoe is het?	Comment ça va?	[kɔmɑ̃ sa va]
Is er nog nieuws?	Quoi de neuf?	[kwa də nœf]
Dag! Tot ziens!	Au revoir!	[orəvwar]
Tot snel! Tot ziens!	À bientôt!	[a bjɛ̃to]
Vaarwel!	Adieu!	[adjø]
afscheid nemen (ww)	dire au revoir	[dir ərəvwar]
Tot kijk!	Salut!	[saly]
Dank u!	Merci!	[mεrsi]
Dank u wel!	Merci beaucoup!	[mεrsi boku]
Graag gedaan	Je vous en prie	[ʒə vuzɑ̃pri]
Geen dank!	Il n'y a pas de quoi	[il njapa də kwa]
Geen moeite.	Pas de quoi	[pɑ də kwa]
Excuseer me, ... (inform.)	Excuse-moi!	[εkskyz mwa]
Excuseer me, ... (form.)	Excusez-moi!	[εkskyze mwa]

excuseren (verontschuldigen)	excuser (vt)	[ɛkskyze]
zich verontschuldigen	s'excuser (vp)	[sɛkskyze]
Mijn excuses.	Mes excuses	[me zɛkskyz]
Het spijt me!	Pardonnez-moi!	[pardɔne mwa]
vergeven (ww)	pardonner (vt)	[pardɔne]
Maakt niet uit!	C'est pas grave	[sepagrav]
alsjeblieft	s'il vous plaît	[silvuple]
Vergeet het niet!	N'oubliez pas!	[nublije pɑ]
Natuurlijk!	Bien sûr!	[bjɛ̃ syːr]
Natuurlijk niet!	Bien sûr que non!	[bjɛ̃ syr kə nɔ̃]
Akkoord!	D'accord!	[dakɔr]
Zo is het genoeg!	Ça suffit!	[sa syfi]

3. Hoe aan te spreken

meneer	monsieur	[məsjø]
mevrouw	madame	[madam]
juffrouw	mademoiselle	[madmwazɛl]
jongeman	jeune homme	[ʒœn ɔm]
jongen	petit garçon	[pti garsɔ̃]
meisje	petite fille	[ptit fij]

4. Kardinale getallen. Deel 1

nul	zéro	[zero]
een	un	[œ̃]
twee	deux	[dø]
drie	trois	[trwa]
vier	quatre	[katr]
vijf	cinq	[sɛ̃k]
zes	six	[sis]
zeven	sept	[sɛt]
acht	huit	[ɥit]
negen	neuf	[nœf]
tien	dix	[dis]
elf	onze	[ɔ̃z]
twaalf	douze	[duz]
dertien	treize	[trɛz]
veertien	quatorze	[katɔrz]
vijftien	quinze	[kɛ̃z]
zestien	seize	[sɛz]
zeventien	dix-sept	[disɛt]
achttien	dix-huit	[dizɥit]
negentien	dix-neuf	[diznœf]
twintig	vingt	[vɛ̃]
eenentwintig	vingt et un	[vɛ̃teœ̃]
tweeëntwintig	vingt-deux	[vɛ̃tdø]

drieëntwintig	vingt-trois	[vɛ̃trwa]
dertig	trente	[trɑ̃t]
eenendertig	trente et un	[trɑ̃teœ̃]
tweeëndertig	trente-deux	[trɑ̃t dø]
drieëndertig	trente-trois	[trɑ̃t trwa]
veertig	quarante	[karɑ̃t]
eenenveertig	quarante et un	[karɑ̃teœ̃]
tweeënveertig	quarante-deux	[karɑ̃t dø]
drieënveertig	quarante-trois	[karɑ̃t trwa]
vijftig	cincuante	[sɛ̃kɑ̃t]
eenenvijftig	cincuante et un	[sɛ̃kɑ̃teœ̃]
tweeënvijftig	cincuante-deux	[sɛ̃kɑ̃t dø]
drieënvijftig	cincuante-trois	[sɛ̃kɑ̃t trwa]
zestig	soixante	[swasɑ̃t]
eenenzestig	soixante et un	[swasɑ̃teœ̃]
tweeënzestig	soixante-deux	[swasɑ̃t dø]
drieënzestig	soixante-trois	[swasɑ̃t trwa]
zeventig	soixante-dix	[swasɑ̃tdis]
eenenzeventig	soixante et onze	[swasɑ̃te ɔ̃z]
tweeënzeventig	soixante-douze	[swasɑ̃t duz]
drieënzeventig	soixante-treize	[swasɑ̃t trɛz]
tachtig	quatre-vingts	[katrəvɛ̃]
eenentachtig	quatre-vingt et un	[katrəvɛ̃teœ̃]
tweeëntachtig	quatre-vingt deux	[katrəvɛ̃ dø]
drieëntachtig	quatre-vingt trois	[katrəvɛ̃ trwa]
negentig	quatre-vingt-dix	[katrəvɛ̃dis]
eenennegentig	quatre-vingt et onze	[katrəvɛ̃ teɔ̃z]
tweeënnegentig	quatre-vingt-douze	[katrəvɛ̃ duz]
drieënnegentig	quatre-vingt-treize	[katrəvɛ̃ trɛz]

5. Kardinale getallen. Deel 2

honderd	cent	[sɑ̃]
tweehonderd	deux cents	[dø sɑ̃]
driehonderd	trois cents	[trwa sɑ̃]
vierhonderd	quatre cents	[katr sɑ̃]
vijfhonderd	cinq cents	[sɛ̃k sɑ̃]
zeshonderd	six cents	[si sɑ̃]
zevenhonderd	sept cents	[sɛt sɑ̃]
achthonderd	huit cents	[ɥi sɑ̃]
negenhonderd	neuf cents	[nœf sɑ̃]
duizend	mille	[mil]
tweeduizend	deux mille	[dø mil]
drieduizend	trois mille	[trwa mil]
tienduizend	dix mille	[di mil]
honderdduizend	cent mille	[sɑ̃ mil]

miljoen (het)	million (m)	[miljɔ̃]
miljard (het)	milliard (m)	[miljar]

6. Ordinale getallen

eerste (bn)	premier (adj)	[prəmje]
tweede (bn)	deuxième (adj)	[døzjɛm]
derde (bn)	troisième (adj)	[trwazjɛm]
vierde (bn)	quatrième (adj)	[katrijɛm]
vijfde (bn)	cinquième (adj)	[sɛ̃kjɛm]
zesde (bn)	sixième (adj)	[sizjɛm]
zevende (bn)	septième (adj)	[sɛtjɛm]
achtste (bn)	huitième (adj)	[ɥitjɛm]
negende (bn)	neuvième (adj)	[nœvjɛm]
tiende (bn)	dixième (adj)	[dizjɛm]

7. Getallen. Breuken

breukgetal (het)	fraction (f)	[fraksjɔ̃]
half	un demi	[œ̃ dəmi]
een derde	un tiers	[œ̃ tjɛr]
kwart	un quart	[œ̃ kar]
een achtste	un huitième	[œn ɥitjɛm]
een tiende	un dixième	[œ̃ dizjɛm]
twee derde	deux tiers	[dø tjɛr]
driekwart	trois quarts	[trwa kar]

8. Getallen. Eenvoudige berekeningen

aftrekking (de)	soustraction (f)	[sustraksjɔ̃]
aftrekken (ww)	soustraire (vt)	[sustrɛr]
deling (de)	division (f)	[divizjɔ̃]
delen (ww)	diviser (vt)	[divize]
optelling (de)	addition (f)	[adisjɔ̃]
erbij optellen	additionner (vt)	[adisjɔne]
(bij elkaar voegen)		
optellen (ww)	ajouter (vt)	[aʒute]
vermenigvuldiging (de)	multiplication (f)	[myltiplikasjɔ̃]
vermenigvuldigen (ww)	multiplier (vt)	[myltiplije]

9. Getallen. Diversen

cijfer (het)	chiffre (m)	[ʃifr]
nummer (het)	nombre (m)	[nɔ̃br]
telwoord (het)	adjectif (m) numéral	[adʒɛktif nymeral]

minteken (het)	moins (m)	[mwɛ̃]
plusteken (het)	plus (m)	[ply]
formule (de)	formule (f)	[fɔrmyl]

berekening (de)	calcul (m)	[kalkyl]
tellen (ww)	compter (vt)	[kɔ̃te]
bijrekenen (ww)	calculer (vt)	[kalkyle]
vergelijken (ww)	comparer (vt)	[kɔ̃pare]

Hoeveel?	Combien?	[kɔ̃bjɛ̃]
som (de), totaal (het)	somme (f)	[sɔm]
uitkomst (de)	résultat (m)	[rezylta]
rest (de)	reste (m)	[rɛst]

enkele (bijv. ~ minuten)	quelques ...	[kɛlkə]
weinig (bw)	peu de ...	[pø də]
restant (het)	reste (m)	[rɛst]
anderhalf	un et demi	[œne dəmi]
dozijn (het)	douzaine (f)	[duzɛn]

middendoor (bw)	en deux	[ã dø]
even (bw)	en parties égales	[ã parti egal]
helft (de)	moitié (f)	[mwatje]
keer (de)	fois (f)	[fwa]

10. De belangrijkste werkwoorden. Deel 1

aanbevelen (ww)	recommander (vt)	[rəkɔmɑ̃de]
aandringen (ww)	insister (vi)	[ɛ̃siste]
aankomen (per auto, enz.)	venir (vi)	[vənir]
aanraken (ww)	toucher (vt)	[tuʃe]
adviseren (ww)	conseiller (vt)	[kɔ̃seje]

afdalen (on.ww.)	descendre (vi)	[desãdr]
afslaan (naar rechts ~)	tourner (vi)	[turne]
antwoorden (ww)	répondre (vi, vt)	[repɔ̃dr]
bang zijn (ww)	avoir peur	[avwar pœr]
bedreigen (bijv. met een pistool)	menacer (vt)	[mənase]

bedriegen (ww)	tromper (vt)	[trɔ̃pe]
beëindigen (ww)	finir (vt)	[finir]
beginnen (ww)	commencer (vt)	[kɔmɑ̃se]
begrijpen (ww)	comprendre (vt)	[kɔ̃prɑ̃dr]
beheren (managen)	diriger (vt)	[diriʒe]

beledigen (met scheldwoorden)	insulter (vt)	[ɛ̃sylte]
beloven (ww)	promettre (vt)	[prɔmɛtr]
bereiden (koken)	préparer (vt)	[prepare]
bespreken (spreken over)	discuter (vt)	[diskyte]

bestellen (eten ~)	commander (vt)	[kɔmɑ̃de]
bestraffen (een stout kind ~)	punir (vt)	[pynir]

Nederlands	Frans	Uitspraak
betalen (ww)	payer (vi, vt)	[peje]
betekenen (beduiden)	signifier (vt)	[siɲifje]
betreuren (ww)	regretter (vt)	[rəgrɛte]
bevallen (prettig vinden)	plaire (vt)	[plɛr]
bevelen (mil.)	ordonner (vt)	[ɔrdɔne]
bevrijden (stad, enz.)	libérer (vt)	[libere]
bewaren (ww)	garder (vt)	[garde]
bezitten (ww)	posséder (vt)	[pɔsede]
bidden (praten met God)	prier (vt)	[prije]
binnengaan (een kamer ~)	entrer (vi)	[ɑ̃tre]
breken (ww)	casser (vt)	[kase]
controleren (ww)	contrôler (vt)	[kɔ̃trole]
creëren (ww)	créer (vt)	[kree]
deelnemen (ww)	participer à ...	[partisipe a]
denken (ww)	penser (vi, vt)	[pɑ̃se]
doden (ww)	tuer (vt)	[tɥe]
doen (ww)	faire (vt)	[fɛr]
dorst hebben (ww)	avoir soif	[avwar swaf]

11. De belangrijkste werkwoorden. Deel 2

Nederlands	Frans	Uitspraak
een hint geven	donner un indice	[dɔne ynɛ̃dis]
eisen (met klem vragen)	exiger (vt)	[ɛgziʒe]
excuseren (vergeven)	excuser (vt)	[ɛkskyze]
existeren (bestaan)	exister (vi)	[ɛgziste]
gaan (te voet)	aller (vi)	[ale]
gaan zitten (ww)	s'asseoir (vp)	[saswar]
gaan zwemmen	se baigner (vp)	[sə beɲe]
geven (ww)	donner (vt)	[dɔne]
glimlachen (ww)	sourire (vi)	[surir]
goed raden (ww)	deviner (vt)	[dəvine]
grappen maken (ww)	plaisanter (vi)	[plɛzɑ̃te]
graven (ww)	creuser (vt)	[krøze]
hebben (ww)	avoir (vt)	[avwar]
helpen (ww)	aider (vt)	[ede]
herhalen (opnieuw zeggen)	répéter (vt)	[repete]
honger hebben (ww)	avoir faim	[avwar fɛ̃]
hopen (ww)	espérer (vi)	[ɛspere]
horen (waarnemen met het oor)	entendre (vt)	[ɑ̃tɑ̃dr]
huilen (wenen)	pleurer (vi)	[plœre]
huren (huis, kamer)	louer (vt)	[lwe]
informeren (informatie geven)	informer (vt)	[ɛ̃fɔrme]
instemmen (akkoord gaan)	être d'accord	[ɛtr dakɔr]
jagen (ww)	chasser (vi, vt)	[ʃase]
kennen (kennis hebben van iemand)	connaître (vt)	[kɔnɛtr]

| kiezen (ww) | choisir (vt) | [ʃwazir] |
| klagen (ww) | se plaindre (vp) | [sə plɛ̃dr] |

kosten (ww)	coûter (vt)	[kute]
kunnen (ww)	pouvoir (v aux)	[puvwar]
lachen (ww)	rire (vi)	[rir]
laten vallen (ww)	faire tomber	[fɛr tɔ̃be]
lezen (ww)	lire (vi, vt)	[lir]

liefhebben (ww)	aimer (vt)	[eme]
lunchen (ww)	déjeuner (vi)	[deʒœne]
nemen (ww)	prendre (vt)	[prɑ̃dr]
nodig zijn (ww)	être nécessaire	[ɛtr nesesɛr]

12. De belangrijkste werkwoorden. Deel 3

onderschatten (ww)	sous-estimer (vt)	[suzɛstime]
ondertekenen (ww)	signer (vt)	[siɲe]
ontbijten (ww)	prendre le petit déjeuner	[prɑ̃dr ləpti deʒœne]
openen (ww)	ouvrir (vt)	[uvrir]
ophouden (ww)	cesser (vt)	[sese]
opmerken (zien)	apercevoir (vt)	[apɛrsəvwar]

opscheppen (ww)	se vanter (vp)	[sə vɑ̃te]
opschrijven (ww)	prendre en note	[prɑ̃dr ɑ̃ nɔt]
plannen (ww)	planifier (vt)	[planifje]
prefereren (verkiezen)	préférer (vt)	[prefere]
proberen (trachten)	essayer (vt)	[eseje]
redden (ww)	sauver (vt)	[sove]

rekenen op ...	compter sur ...	[kɔ̃te syr]
rennen (ww)	courir (vt)	[kurir]
reserveren (een hotelkamer ~)	réserver (vt)	[rezɛrve]
roepen (om hulp)	appeler (vt)	[aple]
schieten (ww)	tirer (vi)	[tire]
schreeuwen (ww)	crier (vi)	[krije]

schrijven (ww)	écrire (vt)	[ekrir]
souperen (ww)	dîner (vi)	[dine]
spelen (kinderen)	jouer (vt)	[ʒwe]
spreken (ww)	parler (vi, vt)	[parle]
stelen (ww)	voler (vt)	[vɔle]
stoppen (pauzeren)	s'arrêter (vp)	[sarete]

studeren (Nederlands ~)	étudier (vt)	[etydje]
sturen (zenden)	envoyer (vt)	[ɑ̃vwaje]
tellen (optellen)	compter (vi, vt)	[kɔ̃te]
toebehoren ...	appartenir à ...	[apartənir a]
toestaan (ww)	permettre (vt)	[pɛrmɛtr]
tonen (ww)	montrer (vt)	[mɔ̃tre]

| twijfelen (onzeker zijn) | douter (vt) | [dute] |
| uitgaan (ww) | sortir (vi) | [sɔrtir] |

uitnodigen (ww)	inviter (vt)	[ɛ̃vite]
uitspreken (ww)	prononcer (vt)	[prɔnɔ̃se]
uitvaren tegen (ww)	gronder (vt)	[grɔ̃de]

13. De belangrijkste werkwoorden. Deel 4

vallen (ww)	tomber (vi)	[tɔ̃be]
vangen (ww)	attraper (vt)	[atrape]
veranderen (anders maken)	changer (vt)	[ʃɑ̃ʒe]
verbaasd zijn (ww)	s'étonner (vp)	[setɔne]
verbergen (ww)	cacher (vt)	[kaʃe]
verdedigen (je land ~)	défendre (vt)	[defɑ̃dr]
verenigen (ww)	réunir (vt)	[reynir]
vergelijken (ww)	comparer (vt)	[kɔ̃pare]
vergeten (ww)	oublier (vt)	[ublije]
vergeven (ww)	pardonner (vt)	[pardɔne]
verklaren (uitleggen)	expliquer (vt)	[ɛksplike]
verkopen (per stuk ~)	vendre (vt)	[vɑ̃dr]
vermelden (praten over)	mentionner (vt)	[mɑ̃sjɔne]
versieren (decoreren)	décorer (vt)	[dekɔre]
vertalen (ww)	traduire (vt)	[tradɥir]
vertrouwen (ww)	avoir confiance	[avwar kɔ̃fjɑ̃s]
vervolgen (ww)	continuer (vt)	[kɔ̃tinɥe]
verwarren (met elkaar ~)	confondre (vt)	[kɔ̃fɔ̃dr]
verzoeken (ww)	demander (vt)	[dəmɑ̃de]
verzuimen (school, enz.)	manquer (vt)	[mɑ̃ke]
vinden (ww)	trouver (vt)	[truve]
vliegen (ww)	voler (vi)	[vɔle]
volgen (ww)	suivre (vt)	[sɥivr]
voorstellen (ww)	proposer (vt)	[prɔpoze]
voorzien (verwachten)	prévoir (vt)	[prevwar]
vragen (ww)	demander (vt)	[dəmɑ̃de]
waarnemen (ww)	observer (vt)	[ɔpsɛrve]
waarschuwen (ww)	avertir (vt)	[avɛrtir]
wachten (ww)	attendre (vt)	[atɑ̃dr]
weerspreken (ww)	objecter (vt)	[ɔbʒɛkte]
weigeren (ww)	se refuser (vp)	[sə rəfyze]
werken (ww)	travailler (vi)	[travaje]
weten (ww)	savoir (vt)	[savwar]
willen (verlangen)	vouloir (vt)	[vulwar]
zeggen (ww)	dire (vt)	[dir]
zich haasten (ww)	être pressé	[ɛtr prese]
zich interesseren voor …	s'intéresser (vp)	[sɛ̃terese]
zich vergissen (ww)	se tromper (vp)	[sə trɔ̃pe]
zich verontschuldigen	s'excuser (vp)	[sɛkskyze]
zien (ww)	voir (vt)	[vwar]
zijn (ww)	être (vi)	[ɛtr]

T&P Books. Thematische woordenschat Nederlands-Frans - 5000 woorden

zoeken (ww)   chercher (vt)   [ʃɛrʃe]
zwemmen (ww)   nager (vi)   [naʒe]
zwijgen (ww)   rester silencieux   [rɛste silɑ̃sjø]

14. Kleuren

kleur (de)   couleur (f)   [kulœr]
tint (de)   teinte (f)   [tɛ̃t]
kleurnuance (de)   ton (m)   [tɔ̃]
regenboog (de)   arc-en-ciel (m)   [arkɑ̃sjɛl]

wit (bn)   blanc (adj)   [blɑ̃]
zwart (bn)   noir (adj)   [nwar]
grijs (bn)   gris (adj)   [gri]

groen (bn)   vert (adj)   [vɛr]
geel (bn)   jaune (adj)   [ʒon]
rood (bn)   rouge (adj)   [ruʒ]

blauw (bn)   bleu (adj)   [blø]
lichtblauw (bn)   bleu clair (adj)   [blø klɛr]
roze (bn)   rose (adj)   [roz]
oranje (bn)   orange (adj)   [ɔrɑ̃ʒ]
violet (bn)   violet (adj)   [vjɔlɛ]
bruin (bn)   brun (adj)   [brœ̃]

goud (bn)   d'or (adj)   [dɔr]
zilverkleurig (bn)   argenté (adj)   [arʒɑ̃te]

beige (bn)   beige (adj)   [bɛʒ]
roomkleurig (bn)   crème (adj)   [krɛm]
turkoois (bn)   turquoise (adj)   [tyrkwaz]
kersrood (bn)   rouge cerise (adj)   [ruʒ səriz]
lila (bn)   lilas (adj)   [lila]
karmijnrood (bn)   framboise (adj)   [frɑ̃bwaz]

licht (bn)   clair (adj)   [klɛr]
donker (bn)   foncé (adj)   [fɔ̃se]
fel (bn)   vif (adj)   [vif]

kleur-, kleurig (bn)   de couleur (adj)   [də kulœr]
kleuren- (abn)   en couleurs (adj)   [ɑ̃ kulœr]
zwart-wit (bn)   noir et blanc (adj)   [nwar e blɑ̃]
eenkleurig (bn)   monochrome (adj)   [mɔnɔkrom]
veelkleurig (bn)   multicolore (adj)   [myltikɔlɔr]

15. Vragen

Wie?   Qui?   [ki]
Wat?   Quoi?   [kwa]
Waar?   Où?   [u]
Waarheen?   Où?   [u]

Waar ... vandaan?	D'où?	[du]
Wanneer?	Quand?	[kɑ̃]
Waarom?	Pourquoi?	[purkwa]
Waarom?	Pourquoi?	[purkwa]

Waarvoor dan ook?	À quoi bon?	[a kwa bɔ̃]
Hoe?	Comment?	[kɔmɑ̃]
Wat voor ...?	Quel?	[kɛl]
Welk?	Lequel?	[ləkɛl]

Aan wie?	À qui?	[a ki]
Over wie?	De qui?	[də ki]
Waarover?	De quoi?	[də kwa]
Met wie?	Avec qui?	[avɛk ki]

| Hoeveel? | Combien? | [kɔ̃bjɛ̃] |
| Van wie? (mann.) | À qui? | [a ki] |

16. Voorzetsels

met (bijv. ~ beleg)	avec ... (prep)	[avɛk]
zonder (~ accent)	sans ... (prep)	[sɑ̃]
naar (in de richting van)	à ... (prep)	[a]
over (praten ~)	de ... (prep)	[də]
voor (in tijd)	avant (prep)	[avɑ̃]
voor (aan de voorkant)	devant (prep)	[dəvɑ̃]

onder (lager dan)	sous ... (prep)	[su]
boven (hoger dan)	au-dessus de ... (prep)	[odsy də]
op (bovenop)	sur ... (prep)	[syr]
van (uit, afkomstig van)	de ... (prep)	[də]
van (gemaakt van)	en ... (prep)	[ɑ̃]

| over (bijv. ~ een uur) | dans ... (prep) | [dɑ̃] |
| over (over de bovenkant) | par dessus ... (prep) | [par dəsy] |

17. Functiewoorden. Bijwoorden. Deel 1

Waar?	Où?	[u]
hier (bw)	ici (adv)	[isi]
daar (bw)	là-bas (adv)	[laba]

| ergens (bw) | quelque part (adv) | [kɛlkə par] |
| nergens (bw) | nulle part (adv) | [nyl par] |

| bij ... (in de buurt) | près de ... (prep) | [prɛ də] |
| bij het raam | près de la fenêtre | [prɛdə la fənɛtr] |

Waarheen?	Où?	[u]
hierheen (bw)	ici (adv)	[isi]
daarheen (bw)	là-bas (adv)	[laba]
hiervandaan (bw)	d'ici (adv)	[disi]

daarvandaan (bw)	de là-bas (adv)	[də laba]
dichtbij (bw)	près (adv)	[prɛ]
ver (bw)	loin (adv)	[lwɛ̃]
in de buurt (van …)	près de …	[prɛ də]
vlakbij (bw)	tout près (adv)	[tu prɛ]
niet ver (bw)	pas loin (adv)	[pɑ lwɛ̃]
linker (bn)	gauche (adj)	[goʃ]
links (bw)	à gauche (adv)	[agoʃ]
linksaf, naar links (bw)	à gauche (adv)	[agoʃ]
rechter (bn)	droit (adj)	[drwa]
rechts (bw)	à droite (adv)	[adrwat]
rechtsaf, naar rechts (bw)	à droite (adv)	[adrwat]
vooraan (bw)	devant (adv)	[dəvɑ̃]
voorste (bn)	de devant (adj)	[də dəvɑ̃]
vooruit (bw)	en avant (adv)	[ɑn avɑ̃]
achter (bw)	derrière (adv)	[dɛrjɛr]
van achteren (bw)	par derrière (adv)	[par dɛrjɛr]
achteruit (naar achteren)	en arrière (adv)	[ɑn arjɛr]
midden (het)	milieu (m)	[miljø]
in het midden (bw)	au milieu (adv)	[omiljø]
opzij (bw)	de côté (adv)	[də kote]
overal (bw)	partout (adv)	[partu]
omheen (bw)	autour (adv)	[otur]
binnenuit (bw)	de l'intérieur	[də lɛ̃terjœr]
naar ergens (bw)	quelque part (adv)	[kɛlkə par]
rechtdoor (bw)	tout droit (adv)	[tu drwa]
terug (bijv. ~ komen)	en arrière (adv)	[ɑn arjɛr]
ergens vandaan (bw)	de quelque part	[də kɛlkə par]
ergens vandaan	de quelque part	[də kɛlkə par]
(en dit geld moet ~ komen)		
ten eerste (bw)	premièrement (adv)	[prəmjɛrmɑ̃]
ten tweede (bw)	deuxièmement (adv)	[døzjɛmmɑ̃]
ten derde (bw)	troisièmement (adv)	[trwazjɛmmɑ̃]
plotseling (bw)	soudain (adv)	[sudɛ̃]
in het begin (bw)	au début (adv)	[odeby]
voor de eerste keer (bw)	pour la première fois	[pur la prəmjɛr fwa]
lang voor … (bw)	bien avant …	[bjɛn avɑ̃]
opnieuw (bw)	de nouveau (adv)	[də nuvo]
voor eeuwig (bw)	pour toujours (adv)	[pur tuʒur]
nooit (bw)	jamais (adv)	[ʒamɛ]
weer (bw)	encore (adv)	[ɑ̃kɔr]
nu (bw)	maintenant (adv)	[mɛ̃tnɑ̃]
vaak (bw)	souvent (adv)	[suvɑ̃]
toen (bw)	alors (adv)	[alɔr]

urgent (bw)	d'urgence (adv)	[dyrʒɑ̃s]
meestal (bw)	d'habitude (adv)	[dabityd]
trouwens, ... (tussen haakjes)	à propos, ...	[aprɔpo]
mogelijk (bw)	c'est possible	[sepɔsibl]
waarschijnlijk (bw)	probablement (adv)	[prɔbabləmɑ̃]
misschien (bw)	peut-être (adv)	[pøtɛtr]
trouwens (bw)	en plus, ...	[ɑ̃plys]
daarom ...	c'est pourquoi ...	[se purkwa]
in weerwil van ...	malgré ...	[malgre]
dankzij ...	grâce à ...	[gras ɑ]
wat (vn)	quoi (pron)	[kwa]
dat (vw)	que (conj)	[kə]
iets (vn)	quelque chose (pron)	[kɛlkə ʃoz]
iets	quelque chose (pron)	[kɛlkə ʃoz]
niets (vn)	rien	[rjɛ̃]
wie (~ is daar?)	qui (pron)	[ki]
iemand (een onbekende)	quelqu'un (pron)	[kɛlkœ̃]
iemand (een bepaald persoon)	quelqu'un (pron)	[kɛlkœ̃]
niemand (vn)	personne (pron)	[pɛrsɔn]
nergens (bw)	nulle part (adv)	[nyl par]
niemands (bn)	de personne	[də pɛrsɔn]
iemands (bn)	de n'importe qui	[də nɛ̃pɔrt ki]
zo (Ik ben ~ blij)	comme ça (adv)	[kɔmsa]
ook (evenals)	également (adv)	[egalmɑ̃]
alsook (eveneens)	aussi (adv)	[osi]

18. Functiewoorden. Bijwoorden. Deel 2

Waarom?	Pourquoi?	[purkwa]
om een bepaalde reden	on ne sait pourquoi	[ɔ̃nə sɛ purkwa]
omdat ...	parce que ...	[parskə]
voor een bepaald doel	pour une raison quelconque	[pur yn rɛzɔ̃ kɛlkɔ̃k]
en (vw)	et (conj)	[e]
of (vw)	ou (conj)	[u]
maar (vw)	mais (conj)	[mɛ]
voor (vz)	pour ... (prep)	[pur]
te (~ veel mensen)	trop (adv)	[tro]
alleen (bw)	seulement (adv)	[sœlmɑ̃]
precies (bw)	précisément (adv)	[presizemɑ̃]
ongeveer (~ 10 kg)	autour de ... (prep)	[otur də]
omstreeks (bw)	approximativement	[aprɔksimativmɑ̃]
bij benadering (bn)	approximatif (adj)	[aprɔksimatif]
bijna (bw)	presque (adv)	[prɛsk]

rest (de)	reste (m)	[rɛst]
de andere (tweede)	l'autre (adj)	[lotr]
ander (bn)	autre (adj)	[otr]
elk (bn)	chaque (adj)	[ʃak]
om het even welk	n'importe quel (adj)	[nɛ̃pɔrt kɛl]
veel (grote hoeveelheid)	beaucoup (adv)	[boku]
veel mensen	plusieurs (pron)	[plyzjœr]
iedereen (alle personen)	touts les ... , toutes les ...	[tut le], [tut le]
in ruil voor ...	en échange de ...	[ɑn eʃɑ̃ʒ də ...]
in ruil (bw)	en échange (adv)	[ɑn eʃɑ̃ʒ]
met de hand (bw)	à la main (adv)	[alamɛ̃]
onwaarschijnlijk (bw)	peu probable (adj)	[pø prɔbabl]
waarschijnlijk (bw)	probablement (adv)	[prɔbabləmɑ̃]
met opzet (bw)	exprès (adv)	[ɛksprɛ]
toevallig (bw)	par hasard (adv)	[par azar]
zeer (bw)	très (adv)	[trɛ]
bijvoorbeeld (bw)	par exemple (adv)	[par ɛgzɑ̃p]
tussen (~ twee steden)	entre ... (prep)	[ɑ̃tr]
tussen (te midden van)	parmi ... (prep)	[parmi]
zoveel (bw)	autant (adv)	[otɑ̃]
vooral (bw)	surtout (adv)	[syrtu]

Basisbegrippen Deel 2

19. Dagen van de week

maandag (de)	lundi (m)	[lœ̃di]
dinsdag (de)	mardi (m)	[mardi]
woensdag (de)	mercredi (m)	[mɛrkrədi]
donderdag (de)	jeudi (m)	[ʒødi]
vrijdag (de)	vendredi (m)	[vɑ̃drədi]
zaterdag (de)	samedi (m)	[samdi]
zondag (de)	dimanche (m)	[dimɑ̃ʃ]

vandaag (bw)	aujourd'hui (adv)	[oʒurdɥi]
morgen (bw)	demain (adv)	[dəmɛ̃]
overmorgen (bw)	après-demain (adv)	[aprɛdmɛ̃]
gisteren (bw)	hier (adv)	[ijɛr]
eergisteren (bw)	avant-hier (adv)	[avɑ̃tjɛr]

dag (de)	jour (m)	[ʒur]
werkdag (de)	jour (m) ouvrable	[ʒur uvrabl]
feestdag (de)	jour (m) férié	[ʒur ferje]
verlofdag (de)	jour (m) de repos	[ʒur də rəpo]
weekend (het)	week-end (m)	[wikɛnd]

de hele dag (bw)	toute la journée	[tut la ʒurne]
de volgende dag (bw)	le lendemain	[lɑ̃dmɛ̃]
twee dagen geleden	il y a 2 jours	[ilja də ʒur]
aan de vooravond (bw)	la veille	[la vɛj]
dag-, dagelijks (bn)	quotidien (adj)	[kɔtidjɛ̃]
elke dag (bw)	tous les jours	[tu le ʒur]

week (de)	semaine (f)	[səmɛn]
vorige week (bw)	la semaine dernière	[la səmɛn dɛrnjɛr]
volgende week (bw)	la semaine prochaine	[la səmɛn prɔʃɛn]
wekelijks (bn)	hebdomadaire (adj)	[ɛbdɔmadɛr]
elke week (bw)	chaque semaine	[ʃak səmɛn]
twee keer per week	2 fois par semaine	[dø fwa par səmɛn]
elke dinsdag	tous les mardis	[tu le mardi]

20. Uren. Dag en nacht

morgen (de)	matin (m)	[matɛ̃]
's morgens (bw)	le matin	[lə matɛ̃]
middag (de)	midi (m)	[midi]
's middags (bw)	dans l'après-midi	[dɑ̃ laprɛmidi]

avond (de)	soir (m)	[swar]
's avonds (bw)	le soir	[lə swar]

nacht (de)	nuit (f)	[nɥi]
's nachts (bw)	la nuit	[la nɥi]
middernacht (de)	minuit (f)	[minɥi]
seconde (de)	seconde (f)	[səgɔ̃d]
minuut (de)	minute (f)	[minyt]
uur (het)	heure (f)	[œr]
halfuur (het)	demi-heure (f)	[dəmijœr]
kwartier (het)	un quart d'heure	[œ̃ kar dœr]
vijftien minuten	quinze minutes	[kɛ̃z minyt]
etmaal (het)	vingt-quatre heures	[vɛ̃tkatr œr]
zonsopgang (de)	lever (m) du soleil	[ləve dy sɔlɛj]
dageraad (de)	aube (f)	[ob]
vroege morgen (de)	pointe (f) du jour	[pwɛ̃t dy ʒur]
zonsondergang (de)	coucher (m) du soleil	[kuʃe dy sɔlɛj]
's morgens vroeg (bw)	tôt le matin	[to lə matɛ̃]
vanmorgen (bw)	ce matin	[sə matɛ̃]
morgenochtend (bw)	demain matin	[dəmɛ̃ matɛ̃]
vanmiddag (bw)	cet après-midi	[sɛt aprɛmidi]
's middags (bw)	dans l'après-midi	[dã laprɛmidi]
morgenmiddag (bw)	demain après-midi	[dəmɛn aprɛmidi]
vanavond (bw)	ce soir	[sə swar]
morgenavond (bw)	demain soir	[dəmɛ̃ swar]
klokslag drie uur	à 3 heures précises	[ɑ trwa zœr presiz]
ongeveer vier uur	autour de 4 heures	[otur də katr œr]
tegen twaalf uur	vers midi	[vɛr midi]
over twintig minuten	dans 20 minutes	[dã vɛ̃ minyt]
over een uur	dans une heure	[dãzyn œr]
op tijd (bw)	à temps	[ɑ tã]
kwart voor ...	moins le quart	[mwɛ̃ lə kar]
binnen een uur	en une heure	[ɑnyn œr]
elk kwartier	tous les quarts d'heure	[tu le kar dœr]
de klok rond	24 heures sur 24	[vɛ̃tkatr œr syr vɛ̃tkatr]

21. Maanden. Seizoenen

januari (de)	janvier (m)	[ʒɑ̃vje]
februari (de)	février (m)	[fevrije]
maart (de)	mars (m)	[mars]
april (de)	avril (m)	[avril]
mei (de)	mai (m)	[mɛ]
juni (de)	juin (m)	[ʒɥɛ̃]
juli (de)	juillet (m)	[ʒɥijɛ]
augustus (de)	août (m)	[ut]
september (de)	septembre (m)	[sɛparemɑ̃]
oktober (de)	octobre (m)	[ɔktɔbr]

november (de)	novembre (m)	[nɔvɑ̃br]
december (de)	décembre (m)	[desɑ̃br] |//

lente (de)	printemps (m)	[prɛ̃tɑ̃]
in de lente (bw)	au printemps	[oprɛ̃tɑ̃]
lente- (abn)	de printemps (adj)	[də prɛ̃tɑ̃]

zomer (de)	été (m)	[ete]
in de zomer (bw)	en été	[ɑn ete]
zomer-, zomers (bn)	d'été (adj)	[dete]

herfst (de)	automne (m)	[otɔn]
in de herfst (bw)	en automne	[ɑn otɔn]
herfst- (abn)	d'automne (adj)	[dotɔn]

winter (de)	hiver (m)	[ivɛr]
in de winter (bw)	en hiver	[ɑn ivɛr]
winter- (abn)	d'hiver (adj)	[divɛr]

maand (de)	mois (m)	[mwa]
deze maand (bw)	ce mois	[sə mwa]
volgende maand (bw)	le mois prochain	[lə mwa prɔʃɛ̃]
vorige maand (bw)	le mois dernier	[lə mwa dɛrnje]

een maand geleden (bw)	il y a un mois	[ilja œ̃ mwa]
over een maand (bw)	dans un mois	[dɑ̃zœn mwa]
over twee maanden (bw)	dans 2 mois	[dɑ̃ də mwa]
de hele maand (bw)	tout le mois	[tu lə mwa]
een volle maand (bw)	tout un mois	[tutœ̃ mwa]

maand-, maandelijks (bn)	mensuel (adj)	[mɑ̃sɥɛl]
maandelijks (bw)	tous les mois	[tu le mwa]
elke maand (bw)	chaque mois	[ʃak mwa]
twee keer per maand	2 fois par mois	[dø fwa par mwa]

jaar (het)	année (f)	[ane]
dit jaar (bw)	cette année	[sɛt ane]
volgend jaar (bw)	l'année prochaine	[lane prɔʃɛn]
vorig jaar (bw)	l'année dernière	[lane dɛrnjɛr]

een jaar geleden (bw)	il y a un an	[ilja œnɑ̃]
over een jaar	dans un an	[dɑ̃zœn ɑ̃]
over twee jaar	dans 2 ans	[dɑ̃ də zɑ̃]
het hele jaar	toute l'année	[tut lane]
een vol jaar	toute une année	[tutyn ane]

elk jaar	chaque année	[ʃak ane]
jaar-, jaarlijks (bn)	annuel (adj)	[anɥɛl]
jaarlijks (bw)	tous les ans	[tu lezɑ̃]
4 keer per jaar	4 fois par an	[katr fwa parɑ̃]

datum (de)	date (f)	[dat]
datum (de)	date (f)	[dat]
kalender (de)	calendrier (m)	[kalɑ̃drije]
een half jaar	six mois	[si mwa]
zes maanden	semestre (m)	[səmɛstr]

seizoen (bijv. lente, zomer)	saison (f)	[sɛzɔ̃]
eeuw (de)	siècle (m)	[sjɛkl]

22. Meeteenheden

gewicht (het)	poids (m)	[pwa]
lengte (de)	longueur (f)	[lɔ̃gœr]
breedte (de)	largeur (f)	[larʒœr]
hoogte (de)	hauteur (f)	[otœr]
diepte (de)	profondeur (f)	[prɔfɔ̃dœr]
volume (het)	volume (m)	[vɔlym]
oppervlakte (de)	surface (f)	[syrfas]
gram (het)	gramme (m)	[gram]
milligram (het)	milligramme (m)	[miligram]
kilogram (het)	kilogramme (m)	[kilogram]
ton (duizend kilo)	tonne (f)	[tɔn]
pond (het)	livre (f)	[livr]
ons (het)	once (f)	[ɔ̃s]
meter (de)	mètre (m)	[mɛtr]
millimeter (de)	millimètre (m)	[milimɛtr]
centimeter (de)	centimètre (m)	[sɑ̃timɛtr]
kilometer (de)	kilomètre (m)	[kilomɛtr]
mijl (de)	mille (m)	[mil]
duim (de)	pouce (m)	[pus]
voet (de)	pied (m)	[pje]
yard (de)	yard (m)	[jard]
vierkante meter (de)	mètre (m) carré	[mɛtr kare]
hectare (de)	hectare (m)	[ɛktar]
liter (de)	litre (m)	[litr]
graad (de)	degré (m)	[dəgre]
volt (de)	volt (m)	[vɔlt]
ampère (de)	ampère (m)	[ɑ̃pɛr]
paardenkracht (de)	cheval-vapeur (m)	[ʃəvalvapœr]
hoeveelheid (de)	quantité (f)	[kɑ̃tite]
een beetje ...	un peu de ...	[œ̃ pø də]
helft (de)	moitié (f)	[mwatje]
dozijn (het)	douzaine (f)	[duzɛn]
stuk (het)	pièce (f)	[pjɛs]
afmeting (de)	dimension (f)	[dimɑ̃sjɔ̃]
schaal (bijv. ~ van 1 op 50)	échelle (f)	[eʃɛl]
minimaal (bn)	minimal (adj)	[minimal]
minste (bn)	le plus petit (adj)	[lə ply pəti]
medium (bn)	moyen (adj)	[mwajɛ̃]
maximaal (bn)	maximal (adj)	[maksimal]
grootste (bn)	le plus grand (adj)	[lə ply grɑ̃]

23. Containers

glazen pot (de)	bocal (m)	[bɔkal]
blik (conserven~)	boîte (f) en fer-blanc	[bwat ɑ̃ fɛrblɑ̃]
emmer (de)	seau (m)	[so]
ton (bijv. regenton)	tonneau (m)	[tɔno]
ronde waterbak (de)	bassine (f)	[basin]
tank (bijv. watertank-70-ltr)	réservoir (m)	[rezɛrvwar]
heupfles (de)	flasque (f)	[flask]
jerrycan (de)	jerrycan (m)	[ʒerikan]
tank (bijv. ketelwagen)	citerne (f)	[sitɛrn]
beker (de)	grande tasse (f)	[grɑ̃d tɑs]
kopje (het)	tasse (f)	[tɑs]
schoteltje (het)	soucoupe (f)	[sukup]
glas (het)	verre (m)	[vɛr]
wijnglas (het)	verre (m) à pied	[vɛr a pje]
steelpan (de)	casserole (f)	[kasrɔl]
fles (de)	bouteille (f)	[butɛj]
flessenhals (de)	goulot (m)	[gulo]
karaf (de)	carafe (f)	[karaf]
kruik (de)	cruche (f)	[kryʃ]
vat (het)	récipient (m)	[resipjɑ̃]
pot (de)	pot (m)	[po]
vaas (de)	vase (m)	[vaz]
flacon (de)	flacon (m)	[flakɔ̃]
flesje (het)	fiole (f)	[fjɔl]
tube (bijv. ~ tandpasta)	tube (m)	[tyb]
zak (bijv. ~ aardappelen)	sac (m)	[sak]
tasje (het)	sac (m)	[sak]
pakje (~ sigaretten, enz.)	paquet (m)	[pakɛ]
doos (de)	boîte (f)	[bwat]
kist (de)	caisse (f)	[kɛs]
mand (de)	panier (m)	[panje]

MENS

Mens. Het lichaam

24. Hoofd

hoofd (het)	tête (f)	[tɛt]
gezicht (het)	visage (m)	[vizaʒ]
neus (de)	nez (m)	[ne]
mond (de)	bouche (f)	[buʃ]
oog (het)	œil (m)	[œj]
ogen (mv.)	les yeux	[lezjø]
pupil (de)	pupille (f)	[pypij]
wenkbrauw (de)	sourcil (m)	[sursi]
wimper (de)	cil (m)	[sil]
ooglid (het)	paupière (f)	[popjɛr]
tong (de)	langue (f)	[lãg]
tand (de)	dent (f)	[dã]
lippen (mv.)	lèvres (f pl)	[lɛvr]
jukbeenderen (mv.)	pommettes (f pl)	[pomɛt]
tandvlees (het)	gencive (f)	[ʒãsiv]
gehemelte (het)	palais (m)	[palɛ]
neusgaten (mv.)	narines (f pl)	[narin]
kin (de)	menton (m)	[mãtõ]
kaak (de)	mâchoire (f)	[maʃwar]
wang (de)	joue (f)	[ʒu]
voorhoofd (het)	front (m)	[frõ]
slaap (de)	tempe (f)	[tãp]
oor (het)	oreille (f)	[ɔrɛj]
achterhoofd (het)	nuque (f)	[nyk]
hals (de)	cou (m)	[ku]
keel (de)	gorge (f)	[gɔrʒ]
haren (mv.)	cheveux (m pl)	[ʃəvø]
kapsel (het)	coiffure (f)	[kwafyr]
haarsnit (de)	coupe (f)	[kup]
pruik (de)	perruque (f)	[peryk]
snor (de)	moustache (f)	[mustaʃ]
baard (de)	barbe (f)	[barb]
dragen (een baard, enz.)	porter (vt)	[pɔrte]
vlecht (de)	tresse (f)	[trɛs]
bakkebaarden (mv.)	favoris (m pl)	[favɔri]
ros (roodachtig, rossig)	roux (adj)	[ru]
grijs (~ haar)	gris (adj)	[gri]

| kaal (bn) | chauve (adj) | [ʃov] |
| kale plek (de) | calvitie (f) | [kalvisi] |

| paardenstaart (de) | queue (f) de cheval | [kø də ʃəval] |
| pony (de) | frange (f) | [frɑ̃ʒ] |

25. Menselijk lichaam

| hand (de) | main (f) | [mɛ̃] |
| arm (de) | bras (m) | [bra] |

vinger (de)	doigt (m)	[dwa]
teen (de)	orteil (m)	[ɔrtɛj]
duim (de)	pouce (m)	[pus]
pink (de)	petit doigt (m)	[pəti dwa]
nagel (de)	ongle (m)	[ɔ̃gl]

vuist (de)	poing (m)	[pwɛ̃]
handpalm (de)	paume (f)	[pom]
pols (de)	poignet (m)	[pwaɲɛ]
voorarm (de)	avant-bras (m)	[avɑ̃bra]
elleboog (de)	coude (m)	[kud]
schouder (de)	épaule (f)	[epol]

been (rechter ~)	jambe (f)	[ʒɑ̃b]
voet (de)	pied (m)	[pje]
knie (de)	genou (m)	[ʒənu]
kuit (de)	mollet (m)	[mɔlɛ]
heup (de)	hanche (f)	[ɑ̃ʃ]
hiel (de)	talon (m)	[talɔ̃]

lichaam (het)	corps (m)	[kɔr]
buik (de)	ventre (m)	[vɑ̃tr]
borst (de)	poitrine (f)	[pwatrin]
borst (de)	sein (m)	[sɛ̃]
zijde (de)	côté (m)	[kote]
rug (de)	dos (m)	[do]
lage rug (de)	reins (m pl)	[rɛ̃]
taille (de)	taille (f)	[taj]

navel (de)	nombril (m)	[nɔ̃bril]
billen (mv.)	fesses (f pl)	[fɛs]
achterwerk (het)	derrière (m)	[dɛrjɛr]

huidvlek (de)	grain (m) de beauté	[grɛ̃ də bote]
moedervlek (de)	tache (f) de vin	[taʃ də vɛ̃]
tatoeage (de)	tatouage (m)	[tatwaʒ]
litteken (het)	cicatrice (f)	[sikatris]

Kleding en accessoires

26. Bovenkleding. Jassen

kleren (mv.), kleding (de)	vêtement (m)	[vɛtmɑ̃]
bovenkleding (de)	survêtement (m)	[syrvɛtmɑ̃]
winterkleding (de)	vêtement (m) d'hiver	[vɛtmɑ̃ divɛr]
jas (de)	manteau (m)	[mɑ̃to]
bontjas (de)	manteau (m) de fourrure	[mɑ̃to də furyr]
bontjasje (het)	veste (f) en fourrure	[vɛst ɑ̃ furyr]
donzen jas (de)	manteau (m) de duvet	[mɑ̃to də dyvɛ]
jasje (bijv. een leren ~)	veste (f)	[vɛst]
regenjas (de)	imperméable (m)	[ɛ̃pɛrmeabl]
waterdicht (bn)	imperméable (adj)	[ɛ̃pɛrmeabl]

27. Heren & dames kleding

overhemd (het)	chemise (f)	[ʃəmiz]
broek (de)	pantalon (m)	[pɑ̃talɔ̃]
jeans (de)	jean (m)	[dʒin]
colbert (de)	veston (m)	[vɛstɔ̃]
kostuum (het)	complet (m)	[kɔ̃plɛ]
jurk (de)	robe (f)	[rɔb]
rok (de)	jupe (f)	[ʒyp]
blouse (de)	chemisette (f)	[ʃəmizɛt]
wollen vest (de)	gilet (m) en laine	[ʒilɛ ɑ̃ lɛn]
blazer (kort jasje)	jaquette (f)	[ʒakɛt]
T-shirt (het)	tee-shirt (m)	[tiʃœrt]
shorts (mv.)	short (m)	[ʃɔrt]
trainingspak (het)	costume (m) de sport	[kɔstym də spɔr]
badjas (de)	peignoir (m) de bain	[pɛɲwar də bɛ̃]
pyjama (de)	pyjama (m)	[piʒama]
sweater (de)	chandail (m)	[ʃɑ̃daj]
pullover (de)	pull-over (m)	[pylɔvɛr]
gilet (het)	gilet (m)	[ʒilɛ]
rokkostuum (het)	queue-de-pie (f)	[kødpi]
smoking (de)	smoking (m)	[smɔkiŋ]
uniform (het)	uniforme (m)	[ynifɔrm]
werkkleding (de)	tenue (f) de travail	[təny də travaj]
overall (de)	salopette (f)	[salɔpɛt]
doktersjas (de)	blouse (f)	[bluz]

28. Kleding. Ondergoed

ondergoed (het)	sous-vêtements (m pl)	[suvɛtmɑ̃]
herenslip (de)	boxer (m)	[bɔksɛr]
slipjes (mv.)	slip (m) de femme	[slip də fam]
onderhemd (het)	maillot (m) de corps	[majo də kɔr]
sokken (mv.)	chaussettes (f pl)	[ʃosɛt]
nachthemd (het)	chemise (f) de nuit	[ʃəmiz də nɥi]
beha (de)	soutien-gorge (m)	[sutjɛ̃gɔrʒ]
kniekousen (mv.)	chaussettes (f pl) hautes	[ʃosɛt ot]
panty (de)	collants (m pl)	[kɔlɑ̃]
nylonkousen (mv.)	bas (m pl)	[ba]
badpak (het)	maillot (m) de bain	[majo də bɛ̃]

29. Hoofddeksels

hoed (de)	bonnet (m)	[bɔnɛ]
deukhoed (de)	chapeau (m) feutre	[ʃapo føtr]
honkbalpet (de)	casquette (f) de base-ball	[kaskɛt də bɛzbol]
kleppet (de)	casquette (f)	[kaskɛt]
baret (de)	béret (m)	[berɛ]
kap (de)	capuche (f)	[kapyʃ]
panamahoed (de)	panama (m)	[panama]
gebreide muts (de)	bonnet (m) de laine	[bɔnɛ də lɛn]
hoofddoek (de)	foulard (m)	[fular]
dameshoed (de)	chapeau (m) de femme	[ʃapo də fam]
veiligheidshelm (de)	casque (m)	[kask]
veldmuts (de)	calot (m)	[kalo]
helm, valhelm (de)	casque (m)	[kask]
bolhoed (de)	melon (m)	[məlɔ̃]
hoge hoed (de)	haut-de-forme (m)	[o də fɔrm]

30. Schoeisel

schoeisel (het)	chaussures (f pl)	[ʃosyr]
schoenen (mv.)	bottines (f pl)	[bɔtin]
vrouwenschoenen (mv.)	souliers (m pl)	[sulje]
laarzen (mv.)	bottes (f pl)	[bɔt]
pantoffels (mv.)	chaussons (m pl)	[ʃosɔ̃]
sportschoenen (mv.)	tennis (m pl)	[tenis]
sneakers (mv.)	baskets (f pl)	[baskɛt]
sandalen (mv.)	sandales (f pl)	[sɑ̃dal]
schoenlapper (de)	cordonnier (m)	[kɔrdɔnje]
hiel (de)	talon (m)	[talɔ̃]

paar (een ~ schoenen)	paire (f)	[pɛr]
veter (de)	lacet (m)	[lasɛ]
rijgen (schoenen ~)	lacer (vt)	[lase]
schoenlepel (de)	chausse-pied (m)	[ʃospje]
schoensmeer (de/het)	cirage (m)	[siraʒ]

31. Persoonlijke accessoires

handschoenen (mv.)	gants (m pl)	[gã]
wanten (mv.)	moufles (f pl)	[mufl]
sjaal (fleece ~)	écharpe (f)	[eʃarp]
bril (de)	lunettes (f pl)	[lynɛt]
brilmontuur (het)	monture (f)	[mõtyr]
paraplu (de)	parapluie (m)	[paraplɥi]
wandelstok (de)	canne (f)	[kan]
haarborstel (de)	brosse (f) à cheveux	[brɔs a ʃəvø]
waaier (de)	éventail (m)	[evãtaj]
das (de)	cravate (f)	[kravat]
strikje (het)	nœud papillon (m)	[nø papijõ]
bretels (mv.)	bretelles (f pl)	[brətɛl]
zakdoek (de)	mouchoir (m)	[muʃwar]
kam (de)	peigne (m)	[pɛɲ]
haarspeldje (het)	barrette (f)	[barɛt]
schuifspeldje (het)	épingle (f) à cheveux	[epɛ̃gl a ʃəvø]
gesp (de)	boucle (f)	[bukl]
broekriem (de)	ceinture (f)	[sɛ̃tyr]
draagriem (de)	bandoulière (f)	[bãduljɛr]
handtas (de)	sac (m)	[sak]
damestas (de)	sac (m) à main	[sak a mɛ̃]
rugzak (de)	sac (m) à dos	[sak a do]

32. Kleding. Diversen

mode (de)	mode (f)	[mɔd]
de mode (bn)	à la mode (adj)	[alamɔd]
kledingstilist (de)	couturier (m)	[kutyrje]
kraag (de)	col (m)	[kɔl]
zak (de)	poche (f)	[pɔʃ]
zak- (abn)	de poche (adj)	[də pɔʃ]
mouw (de)	manche (f)	[mãʃ]
lusje (het)	bride (f)	[brid]
gulp (de)	braguette (f)	[bragɛt]
rits (de)	fermeture (f) à glissière	[fɛrmətyr a glisjɛr]
sluiting (de)	agrafe (f)	[agraf]
knoop (de)	bouton (m)	[butõ]

knoopsgat (het)	boutonnière (f)	[butɔnjɛr]
losraken (bijv. knopen)	s'arracher (vp)	[saraʃe]

naaien (kleren, enz.)	coudre (vi, vt)	[kudr]
borduren (ww)	broder (vt)	[brɔde]
borduursel (het)	broderie (f)	[brɔdri]
naald (de)	aiguille (f)	[egɥij]
draad (de)	fil (m)	[fil]
naad (de)	couture (f)	[kutyr]

vies worden (ww)	se salir (vp)	[sə salir]
vlek (de)	tache (f)	[taʃ]
gekreukt raken (ov. kleren)	se froisser (vp)	[sə frwase]
scheuren (ov.ww.)	déchirer (vt)	[deʃire]
mot (de)	mite (f)	[mit]

33. Persoonlijke verzorging. Schoonheidsmiddelen

tandpasta (de)	dentifrice (m)	[dɑ̃tifris]
tandenborstel (de)	brosse (f) à dents	[brɔs a dɑ̃]
tanden poetsen (ww)	se brosser les dents	[sə brɔse le dɑ̃]

scheermes (het)	rasoir (m)	[razwar]
scheerschuim (het)	crème (f) à raser	[krɛm a raze]
zich scheren (ww)	se raser (vp)	[sə raze]

zeep (de)	savon (m)	[savɔ̃]
shampoo (de)	shampooing (m)	[ʃɑ̃pwɛ̃]

schaar (de)	ciseaux (m pl)	[sizo]
nagelvijl (de)	lime (f) à ongles	[lim a ɔ̃gl]
nagelknipper (de)	pinces (f pl) à ongles	[pɛ̃s a ɔ̃gl]
pincet (het)	pince (f)	[pɛ̃s]

cosmetica (de)	produits (m pl) de beauté	[prɔdyi də bote]
masker (het)	masque (m) de beauté	[mask də bote]
manicure (de)	manucure (f)	[manykyr]
manicure doen	se faire les ongles	[sə fɛr le zɔ̃gl]
pedicure (de)	pédicurie (f)	[pedikyri]

cosmetica tasje (het)	trousse (f) de toilette	[trus də twalɛt]
poeder (de/het)	poudre (f)	[pudr]
poederdoos (de)	poudrier (m)	[pudrije]
rouge (de)	fard (m) à joues	[far a ʒu]

parfum (de/het)	parfum (m)	[parfœ̃]
eau de toilet (de)	eau (f) de toilette	[o də twalɛt]
lotion (de)	lotion (f)	[losjɔ̃]
eau de cologne (de)	eau de Cologne (f)	[o də kɔlɔɲ]

oogschaduw (de)	fard (m) à paupières	[far a popjɛr]
oogpotlood (het)	crayon (m) à paupières	[krɛjɔ̃ a popjɛr]
mascara (de)	mascara (m)	[maskara]
lippenstift (de)	rouge (m) à lèvres	[ruʒ a lɛvr]

nagellak (de)	vernis (m) à ongles	[vɛrni a ɔ̃gl]
haarlak (de)	laque (f) pour les cheveux	[lak pur le ʃəvø]
deodorant (de)	déodorant (m)	[deɔdɔrɑ̃]

crème (de)	crème (f)	[krɛm]
gezichtscrème (de)	crème (f) pour le visage	[krɛm pur lə vizaʒ]
handcrème (de)	crème (f) pour les mains	[krɛm pur le mɛ̃]
antirimpelcrème (de)	crème (f) anti-rides	[krɛm ɑ̃tirid]
dagcrème (de)	crème (f) de jour	[krɛm də ʒur]
nachtcrème (de)	crème (f) de nuit	[krɛm də nɥi]
dag- (abn)	de jour (adj)	[də ʒur]
nacht- (abn)	de nuit (adj)	[də nɥi]

tampon (de)	tampon (m)	[tɑ̃pɔ̃]
toiletpapier (het)	papier (m) de toilette	[papje də twalɛt]
föhn (de)	sèche-cheveux (m)	[sɛʃʃəvø]

34. Horloges. Klokken

polshorloge (het)	montre (f)	[mɔ̃tr]
wijzerplaat (de)	cadran (m)	[kadrɑ̃]
wijzer (de)	aiguille (f)	[egɥij]
metalen horlogeband (de)	bracelet (m)	[braslɛ]
horlogebandje (het)	bracelet (m)	[braslɛ]

batterij (de)	pile (f)	[pil]
leeg zijn (ww)	être déchargé	[ɛtr deʃarʒe]
batterij vervangen	changer de pile	[ʃɑ̃ʒe də pil]
voorlopen (ww)	avancer (vi)	[avɑ̃se]
achterlopen (ww)	retarder (vi)	[rətarde]

wandklok (de)	pendule (f)	[pɑ̃dyl]
zandloper (de)	sablier (m)	[sablije]
zonnewijzer (de)	cadran (m) solaire	[kadrɑ̃ sɔlɛr]
wekker (de)	réveil (m)	[revɛj]
horlogemaker (de)	horloger (m)	[ɔrlɔʒe]
repareren (ww)	réparer (vt)	[repare]

Voedsel. Voeding

35. Voedsel

vlees (het)	viande (f)	[vjɑ̃d]
kip (de)	poulet (m)	[pulɛ]
kuiken (het)	poulet (m)	[pulɛ]
eend (de)	canard (m)	[kanar]
gans (de)	oie (f)	[wa]
wild (het)	gibier (m)	[ʒibje]
kalkoen (de)	dinde (f)	[dɛ̃d]

varkensvlees (het)	du porc	[dy pɔr]
kalfsvlees (het)	du veau	[dy vo]
schapenvlees (het)	du mouton	[dy mutɔ̃]
rundvlees (het)	du bœuf	[dy bœf]
konijnenvlees (het)	lapin (m)	[lapɛ̃]

worst (de)	saucisson (m)	[sosisɔ̃]
saucijs (de)	saucisse (f)	[sosis]
spek (het)	bacon (m)	[bekɔn]
ham (de)	jambon (m)	[ʒɑ̃bɔ̃]
gerookte achterham (de)	cuisse (f)	[kɥis]

paté, pastei (de)	pâté (m)	[pɑte]
lever (de)	foie (m)	[fwa]
varkensvet (het)	lard (m)	[lar]
gehakt (het)	farce (f)	[fars]
tong (de)	langue (f)	[lɑ̃g]

ei (het)	œuf (m)	[œf]
eieren (mv.)	les œufs	[lezø]
eiwit (het)	blanc (m) d'œuf	[blɑ̃ dœf]
eigeel (het)	jaune (m) d'œuf	[ʒon dœf]

vis (de)	poisson (m)	[pwasɔ̃]
zeevruchten (mv.)	fruits (m pl) de mer	[frɥi də mɛr]
schaaldieren (mv.)	crustacés (m pl)	[krystase]
kaviaar (de)	caviar (m)	[kavjar]

krab (de)	crabe (m)	[krab]
garnaal (de)	crevette (f)	[krəvɛt]
oester (de)	huître (f)	[ɥitr]
langoest (de)	langoustine (f)	[lɑ̃gustin]
octopus (de)	poulpe (m)	[pulp]
inktvis (de)	calamar (m)	[kalamar]

steur (de)	esturgeon (m)	[ɛstyrʒɔ̃]
zalm (de)	saumon (m)	[somɔ̃]
heilbot (de)	flétan (m)	[fletɑ̃]

kabeljauw (de)	morue (f)	[mɔry]
makreel (de)	maquereau (m)	[makro]
tonijn (de)	thon (m)	[tɔ̃]
paling (de)	anguille (f)	[ɑ̃gij]

forel (de)	truite (f)	[tryit]
sardine (de)	sardine (f)	[sardin]
snoek (de)	brochet (m)	[brɔʃɛ]
haring (de)	hareng (m)	[arɑ̃]

brood (het)	pain (m)	[pɛ̃]
kaas (de)	fromage (m)	[frɔmaʒ]
suiker (de)	sucre (m)	[sykr]
zout (het)	sel (m)	[sɛl]

rijst (de)	riz (m)	[ri]
pasta (de)	pâtes (m pl)	[pɑt]
noedels (mv.)	nouilles (f pl)	[nuj]

boter (de)	beurre (m)	[bœr]
plantaardige olie (de)	huile (f) végétale	[ɥil veʒetal]
zonnebloemolie (de)	huile (f) de tournesol	[ɥil də turnəsɔl]
margarine (de)	margarine (f)	[margarin]

olijven (mv.)	olives (f pl)	[ɔliv]
olijfolie (de)	huile (f) d'olive	[ɥil dɔliv]

melk (de)	lait (m)	[lɛ]
gecondenseerde melk (de)	lait (m) condensé	[lɛ kɔ̃dɑ̃se]
yoghurt (de)	yogourt (m)	[jaurt]
zure room (de)	crème (f) aigre	[krɛm ɛgr]
room (de)	crème (f)	[krɛm]

mayonaise (de)	sauce (f) mayonnaise	[sos majɔnɛz]
crème (de)	crème (f) au beurre	[krɛm o bœr]

graan (het)	grau (m)	[gryo]
meel (het), bloem (de)	farine (f)	[farin]
conserven (mv.)	conserves (f pl)	[kɔ̃sɛrv]

maïsvlokken (mv.)	pétales (m pl) de maïs	[petal də mais]
honing (de)	miel (m)	[mjɛl]
jam (de)	confiture (f)	[kɔ̃fityr]
kauwgom (de)	gomme (f) à mâcher	[gɔm a maʃe]

36. Drankjes

water (het)	eau (f)	[o]
drinkwater (het)	eau (f) potable	[o pɔtabl]
mineraalwater (het)	eau (f) minérale	[o mineral]

zonder gas	plate (adj)	[plat]
koolzuurhoudend (bn)	gazeuse (adj)	[gazøz]
bruisend (bn)	petillante (adj)	[petijɑ̃t]

IJs (het)	glace (f)	[glas]
met ijs	avec de la glace	[avɛk dəla glas]
alcohol vrij (bn)	sans alcool	[sɑ̃ zalkɔl]
alcohol vrije drank (de)	boisson (f) non alcoolisée	[bwasɔ̃ nonalkɔlize]
frisdrank (de)	rafraîchissement (m)	[rafrɛʃismɑ̃]
limonade (de)	limonade (f)	[limɔnad]
alcoholische dranken (mv.)	boissons (f pl) alcoolisées	[bwasɔ̃ alkɔlize]
wijn (de)	vin (m)	[vɛ̃]
witte wijn (de)	vin (m) blanc	[vɛ̃ blɑ̃]
rode wijn (de)	vin (m) rouge	[vɛ̃ ruʒ]
likeur (de)	liqueur (f)	[likœr]
champagne (de)	champagne (m)	[ʃɑ̃paɲ]
vermout (de)	vermouth (m)	[vɛrmut]
whisky (de)	whisky (m)	[wiski]
wodka (de)	vodka (f)	[vɔdka]
gin (de)	gin (m)	[dʒin]
cognac (de)	cognac (m)	[kɔɲak]
rum (de)	rhum (m)	[rɔm]
koffie (de)	café (m)	[kafe]
zwarte koffie (de)	café (m) noir	[kafe nwar]
koffie (de) met melk	café (m) au lait	[kafe o lɛ]
cappuccino (de)	cappuccino (m)	[kaputʃino]
oploskoffie (de)	café (m) soluble	[kafe sɔlybl]
melk (de)	lait (m)	[lɛ]
cocktail (de)	cocktail (m)	[kɔktɛl]
milkshake (de)	cocktail (m) au lait	[kɔktɛl o lɛ]
sap (het)	jus (m)	[ʒy]
tomatensap (het)	jus (m) de tomate	[ʒy də tɔmat]
sinaasappelsap (het)	jus (m) d'orange	[ʒy dɔrɑ̃ʒ]
vers geperst sap (het)	jus (m) pressé	[ʒy prese]
bier (het)	bière (f)	[bjɛr]
licht bier (het)	bière (f) blonde	[bjɛr blɔ̃d]
donker bier (het)	bière (f) brune	[bjɛr bryn]
thee (de)	thé (m)	[te]
zwarte thee (de)	thé (m) noir	[te nwar]
groene thee (de)	thé (m) vert	[te vɛr]

37. Groenten

groenten (mv.)	légumes (m pl)	[legym]
verse kruiden (mv.)	verdure (f)	[vɛrdyr]
tomaat (de)	tomate (f)	[tɔmat]
augurk (de)	concombre (m)	[kɔ̃kɔ̃br]
wortel (de)	carotte (f)	[karɔt]

aardappel (de)	pomme (f) de terre	[pɔm də tɛr]
ui (de)	oignon (m)	[ɔɲɔ̃]
knoflook (de)	ail (m)	[aj]

kool (de)	chou (m)	[ʃu]
bloemkool (de)	chou-fleur (m)	[ʃuflœr]
spruitkool (de)	chou (m) de Bruxelles	[ʃu də brysɛl]
broccoli (de)	brocoli (m)	[brɔkɔli]

rode biet (de)	betterave (f)	[bɛtrav]
aubergine (de)	aubergine (f)	[obɛrʒin]
courgette (de)	courgette (f)	[kurʒɛt]
pompoen (de)	potiron (m)	[pɔtirɔ̃]
raap (de)	navet (m)	[navɛ]

peterselie (de)	persil (m)	[pɛrsi]
dille (de)	fenouil (m)	[fənuj]
sla (de)	laitue (f), salade (f)	[lety], [salad]
selderij (de)	céleri (m)	[sɛlri]
asperge (de)	asperge (f)	[aspɛrʒ]
spinazie (de)	épinard (m)	[epinar]

erwt (de)	pois (m)	[pwa]
bonen (mv.)	fèves (f pl)	[fɛv]
maïs (de)	maïs (m)	[mais]
boon (de)	haricot (m)	[ariko]

peper (de)	poivron (m)	[pwavrɔ̃]
radijs (de)	radis (m)	[radi]
artisjok (de)	artichaut (m)	[artiʃo]

38. Vruchten. Noten

vrucht (de)	fruit (m)	[frui]
appel (de)	pomme (f)	[pɔm]
peer (de)	poire (f)	[pwar]
citroen (de)	citron (m)	[sitrɔ̃]
sinaasappel (de)	orange (f)	[ɔrɑ̃ʒ]
aardbei (de)	fraise (f)	[frɛz]

mandarijn (de)	mandarine (f)	[mɑ̃darin]
pruim (de)	prune (f)	[pryn]
perzik (de)	pêche (f)	[pɛʃ]
abrikoos (de)	abricot (m)	[abriko]
framboos (de)	framboise (f)	[frɑ̃bwaz]
ananas (de)	ananas (m)	[anana]

banaan (de)	banane (f)	[banan]
watermeloen (de)	pastèque (f)	[pastɛk]
druif (de)	raisin (m)	[rɛzɛ̃]
zure kers (de)	cerise (f)	[səriz]
zoete kers (de)	merise (f)	[məriz]
meloen (de)	melon (m)	[məlɔ̃]
grapefruit (de)	pamplemousse (m)	[pɑ̃pləmus]

avocado (de)	avocat (m)	[avɔka]
papaja (de)	papaye (f)	[papaj]
mango (de)	mangue (f)	[mɑ̃g]
granaatappel (de)	grenade (f)	[grənad]

rode bes (de)	groseille (f) rouge	[grozɛj ruʒ]
zwarte bes (de)	cassis (m)	[kasis]
kruisbes (de)	groseille (f) verte	[grozɛj vɛrt]
bosbes (de)	myrtille (f)	[mirtij]
braambes (de)	mûre (f)	[myr]

rozijn (de)	raisin (m) sec	[rɛzɛ̃ sɛk]
vijg (de)	figue (f)	[fig]
dadel (de)	datte (f)	[dat]

pinda (de)	cacahuète (f)	[kakawɛt]
amandel (de)	amande (f)	[amɑ̃d]
walnoot (de)	noix (f)	[nwa]
hazelnoot (de)	noisette (f)	[nwazɛt]
kokosnoot (de)	noix (f) de coco	[nwa də kɔkɔ]
pistaches (mv.)	pistaches (f pl)	[pistaʃ]

39. Brood. Snoep

suikerbakkerij (de)	confiserie (f)	[kɔ̃fizri]
brood (het)	pain (m)	[pɛ̃]
koekje (het)	biscuit (m)	[biskɥi]

chocolade (de)	chocolat (m)	[ʃɔkɔla]
chocolade- (abn)	en chocolat (adj)	[ɑ̃ ʃɔkɔla]
snoepje (het)	bonbon (m)	[bɔ̃bɔ̃]
cakeje (het)	gâteau (m)	[gato]
taart (bijv. verjaardags~)	tarte (f)	[tart]

pastei (de)	gâteau (m)	[gato]
vulling (de)	garniture (f)	[garnityr]

confituur (de)	confiture (f)	[kɔ̃fityr]
marmelade (de)	marmelade (f)	[marməlad]
wafel (de)	gaufre (f)	[gofr]
IJsje (het)	glace (f)	[glas]
pudding (de)	pudding (m)	[pudiŋ]

40. Bereide gerechten

gerecht (het)	plat (m)	[pla]
keuken (bijv. Franse ~)	cuisine (f)	[kɥizin]
recept (het)	recette (f)	[rəsɛt]
portie (de)	portion (f)	[pɔrsjɔ̃]

salade (de)	salade (f)	[salad]
soep (de)	soupe (f)	[sup]

bouillon (de)	bouillon (m)	[bujɔ̃]
boterham (de)	sandwich (m)	[sɑ̃dwitʃ]
spiegelei (het)	les œufs brouillés	[lezø bruje]

hamburger (de)	bouette (f)	[bulɛt]
hamburger (de)	hamburger (m)	[ãbœrgœr]
biefstuk (de)	steak (m)	[stɛk]
hutspot (de)	rôti (m)	[roti]

garnering (de)	garniture (f)	[garnityr]
spaghetti (de)	spaghettis (m pl)	[spagɛti]
aardappelpuree (de)	purée (f)	[pyre]
pizza (de)	pizza (f)	[pidza]
pap (de)	bouillie (f)	[buji]
omelet (de)	omelette (f)	[ɔmlɛt]

gekookt (in water)	cuit à l'eau (adj)	[kɥitalo]
gerookt (bn)	fumé (adj)	[fyme]
gebakken (bn)	frit (adj)	[fri]
gedroogd (bn)	sec (adj)	[sɛk]
diepvries (bn)	congelé (adj)	[kɔ̃ʒle]
gemarineerd (bn)	mariné (adj)	[marine]

zoet (bn)	sucré (adj)	[sykre]
gezouten (bn)	salé (adj)	[sale]
koud (bn)	froid (adj)	[frwa]
heet (bn)	chaud (adj)	[ʃo]
bitter (bn)	amer (adj)	[amɛr]
lekker (bn)	bon (adj)	[bɔ̃]

koken (in kokend water)	cuire à l'eau	[kɥir a lo]
bereiden (avondmaaltijd ~)	préparer (vt)	[prepare]
bakken (ww)	faire frire	[fɛr frir]
opwarmen (ww)	réchauffer (vt)	[reʃofe]

zouten (ww)	saler (vt)	[sale]
peperen (ww)	poivrer (vt)	[pwavre]
raspen (ww)	râper (vt)	[rape]
schil (de)	peau (f)	[po]
schillen (ww)	éplucher (vt)	[eplyʃe]

41. Kruiden

zout (het)	sel (m)	[sɛl]
gezouten (bn)	salé (adj)	[sale]
zouten (ww)	saler (vt)	[sale]

zwarte peper (de)	poivre (m) noir	[pwavr nwar]
rode peper (de)	poivre (m) rouge	[pwavr ruʒ]
mosterd (de)	moutarde (f)	[mutard]
mierikswortel (de)	raifort (m)	[rɛfɔr]

condiment (het)	condiment (m)	[kɔ̃dimɑ̃]
specerij, kruiderij (de)	épice (f)	[epis]

saus (de)	sauce (f)	[sos]
azijn (de)	vinaigre (m)	[vinɛgr]

anijs (de)	anis (m)	[ani(s)]
basilicum (de)	basilic (m)	[bazilik]
kruidnagel (de)	clou (m) de girofle	[klu də ʒirɔfl]
gember (de)	gingembre (m)	[ʒɛ̃ʒɑ̃br]
koriander (de)	coriandre (m)	[kɔrjɑ̃dr]
kaneel (de/het)	cannelle (f)	[kanɛl]

sesamzaad (het)	sésame (m)	[sezam]
laurierblad (het)	feuille (f) de laurier	[fœj də lɔrje]
paprika (de)	paprika (m)	[paprika]
komijn (de)	cumin (m)	[kymɛ̃]
saffraan (de)	safran (m)	[safrɑ̃]

42. Maaltijden

eten (het)	nourriture (f)	[nurityr]
eten (ww)	manger (vi, vt)	[mɑ̃ʒe]

ontbijt (het)	petit déjeuner (m)	[pəti deʒœne]
ontbijten (ww)	prendre le petit déjeuner	[prɑ̃dr ləpti deʒœne]
lunch (de)	déjeuner (m)	[deʒœne]
lunchen (ww)	déjeuner (vi)	[deʒœne]
avondeten (het)	dîner (m)	[dine]
souperen (ww)	dîner (vi)	[dine]

eetlust (de)	appétit (m)	[apeti]
Eet smakelijk!	Bon appétit!	[bɔn apeti]

openen (een fles ~)	ouvrir (vt)	[uvrir]
morsen (koffie, enz.)	renverser (vt)	[rɑ̃vɛrse]
zijn gemorst	se renverser (vp)	[sə rɑ̃vɛrse]

koken (water kookt bij 100°C)	bouillir (vi)	[bujir]
koken (Hoe om water te ~)	faire bouillir	[fɛr bujir]
gekookt (~ water)	bouilli (adj)	[buji]
afkoelen (koeler maken)	refroidir (vt)	[rəfrwadir]
afkoelen (koeler worden)	se refroidir (vp)	[sə rəfrwadir]

smaak (de)	goût (m)	[gu]
nasmaak (de)	arrière-goût (m)	[arjɛrgu]

volgen een dieet	suivre un régime	[sɥivr œ̃ reʒim]
dieet (het)	régime (m)	[reʒim]
vitamine (de)	vitamine (f)	[vitamin]
calorie (de)	calorie (f)	[kalɔri]
vegetariër (de)	végétarien (m)	[veʒetarjɛ̃]
vegetarisch (bn)	végétarien (adj)	[veʒetarjɛ̃]

vetten (mv.)	lipides (m pl)	[lipid]
eiwitten (mv.)	protéines (f pl)	[prɔtein]
koolhydraten (mv.)	glucides (m pl)	[glysid]

snede (de)	tranche (f)	[trɑ̃ʃ]
stuk (bijv. een ~ taart)	morceau (m)	[mɔrso]
kruimel (de)	miette (f)	[mjɛt]

43. Tafelschikking

lepel (de)	cuillère (f)	[kɥijɛr]
mes (het)	couteau (m)	[kuto]
vork (de)	fourchette (f)	[furʃɛt]
kopje (het)	tasse (f)	[tɑs]
bord (het)	assette (f)	[asjɛt]
schoteltje (het)	soucoupe (f)	[sukup]
servet (het)	serviette (f)	[sɛrvjɛt]
tandenstoker (de)	cure-dent (m)	[kyrdɑ̃]

44. Restaurant

restaurant (het)	restaurant (m)	[rɛstɔrɑ̃]
koffiehuis (het)	salon (m) de café	[salɔ̃ də kafe]
bar (de)	bar (m)	[bar]
tearoom (de)	salon (m) de thé	[salɔ̃ də te]
kelner, ober (de)	serveur (m)	[sɛrvœr]
serveerster (de)	serveuse (f)	[sɛrvøz]
barman (de)	barman (m)	[barman]
menu (het)	carte (f)	[kart]
wijnkaart (de)	carte (f) des vins	[kart de vɛ̃]
een tafel reserveren	réserver une table	[rezɛrve yn tabl]
gerecht (het)	plat (m)	[pla]
bestellen (eten ~)	commander (vt)	[kɔmɑ̃de]
een bestelling maken	faire la commande	[fɛr la kɔmɑ̃d]
aperitief (de/het)	apéritif (m)	[aperitif]
voorgerecht (het)	hors-d'œuvre (m)	[ɔrdœvr]
dessert (het)	dessert (m)	[desɛr]
rekening (de)	addition (f)	[adisjɔ̃]
de rekening betalen	régler l'addition	[regle ladisjɔ̃]
wisselgeld teruggeven	rendre la monnaie	[rɑ̃dr la mɔnɛ]
fooi (de)	pourboire (m)	[purbwar]

Familie, verwanten en vrienden

45. Persoonlijke informatie. Formulieren

naam (de)	prénom (m)	[prenɔ̃]
achternaam (de)	nom (m) de famille	[nɔ̃ də famij]
geboortedatum (de)	date (f) de naissance	[dat də nɛsɑ̃s]
geboorteplaats (de)	lieu (m) de naissance	[ljø də nɛsɑ̃s]
nationaliteit (de)	nationalité (f)	[nasjɔnalite]
woonplaats (de)	domicile (m)	[dɔmisil]
land (het)	pays (m)	[pei]
beroep (het)	profession (f)	[prɔfɛsjɔ̃]
geslacht (ov. het vrouwelijk ~)	sexe (m)	[sɛks]
lengte (de)	taille (f)	[taj]
gewicht (het)	poids (m)	[pwa]

46. Familieleden. Verwanten

moeder (de)	mère (f)	[mɛr]
vader (de)	père (m)	[pɛr]
zoon (de)	fils (m)	[fis]
dochter (de)	fille (f)	[fij]
jongste dochter (de)	fille (f) cadette	[fij kadɛt]
jongste zoon (de)	fils (m) cadet	[fis kadɛ]
oudste dochter (de)	fille (f) aînée	[fij ene]
oudste zoon (de)	fils (m) aîné	[fis ene]
broer (de)	frère (m)	[frɛr]
zuster (de)	sœur (f)	[sœr]
neef (zoon van oom/tante)	cousin (m)	[kuzɛ̃]
nicht (dochter van oom/tante)	cousine (f)	[kuzin]
mama (de)	maman (f)	[mamɑ̃]
papa (de)	papa (m)	[papa]
ouders (mv.)	parents (pl)	[parɑ̃]
kind (het)	enfant (m, f)	[ɑ̃fɑ̃]
kinderen (mv.)	enfants (pl)	[ɑ̃fɑ̃]
oma (de)	grand-mère (f)	[grɑ̃mɛr]
opa (de)	grand-père (m)	[grɑ̃pɛr]
kleinzoon (de)	petit-fils (m)	[pti fis]
kleindochter (de)	petite-fille (f)	[ptit fij]
kleinkinderen (mv.)	petits-enfants (pl)	[pətizɑ̃fɑ̃]
oom (de)	oncle (m)	[ɔ̃kl]

tante (de)	tante (f)	[tɑ̃t]
neef (zoon van broer/zus)	neveu (m)	[nəvø]
nicht (dochter van broer/zus)	nièce (f)	[njɛs]
schoonmoeder (de)	belle-mère (f)	[bɛlmɛr]
schoonvader (de)	beau-père (m)	[bopɛr]
schoonzoon (de)	gendre (m)	[ʒɑ̃dr]
stiefmoeder (de)	belle-mère, marâtre (f)	[bɛlmɛr], [marɑtr]
stiefvader (de)	beau-père (m)	[bopɛr]
zuigeling (de)	nourrisson (m)	[nurisɔ̃]
wiegenkind (het)	bébé (m)	[bebe]
kleuter (de)	petit (m)	[pti]
vrouw (de)	femme (f)	[fam]
man (de)	mari (m)	[mari]
echtgenoot (de)	époux (m)	[epu]
echtgenote (de)	épouse (f)	[epuz]
gehuwd (mann.)	marié (adj)	[marje]
gehuwd (vrouw.)	mariée (adj)	[marje]
ongehuwd (mann.)	célibataire (adj)	[selibatɛr]
vrijgezel (de)	célibataire (m)	[selibatɛr]
gescheiden (bn)	divorcé (adj)	[divɔrse]
weduwe (de)	veuve (f)	[vœv]
weduwnaar (de)	veuf (m)	[vœf]
familielid (het)	parent (m)	[parɑ̃]
dichte familielid (het)	parent (m) proche	[parɑ̃ prɔʃ]
verre familielid (het)	parent (m) éloigné	[parɑ̃ elwaɲe]
familieleden (mv.)	parents (m pl)	[parɑ̃]
wees (weesjongen)	orphelin (m)	[ɔrfəlɛ̃]
wees (weesmeisje)	orpheline (f)	[ɔrfəlin]
voogd (de)	tuteur (m)	[tytœr]
adopteren (een jongen te ~)	adopter (vt)	[adɔpte]
adopteren (een meisje te ~)	adopter (vt)	[adɔpte]

Geneeskunde

47. Ziekten

ziekte (de)	maladie (f)	[maladi]
ziek zijn (ww)	être malade	[ɛtr malad]
gezondheid (de)	santé (f)	[sɑ̃te]

snotneus (de)	rhume (m)	[rym]
angina (de)	angine (f)	[ɑ̃ʒin]
verkoudheid (de)	refroidissement (m)	[rəfrwadismɑ̃]
verkouden raken (ww)	prendre froid	[prɑ̃dr frwa]

bronchitis (de)	bronchite (f)	[brɔ̃ʃit]
longontsteking (de)	pneumonie (f)	[pnømɔni]
griep (de)	grippe (f)	[grip]

bijziend (bn)	myope (adj)	[mjɔp]
verziend (bn)	presbyte (adj)	[prɛsbit]
scheelheid (de)	strabisme (m)	[strabism]
scheel (bn)	strabique (adj)	[strabik]
grauwe staar (de)	cataracte (f)	[katarakt]
glaucoom (het)	glaucome (m)	[glokom]

beroerte (de)	insulte (f)	[ɛ̃sylt]
hartinfarct (het)	crise (f) cardiaque	[kriz kardjak]
myocardiaal infarct (het)	infarctus (m) de myocarde	[ɛ̃farktys də mjɔkard]
verlamming (de)	paralysie (f)	[paralizi]
verlammen (ww)	paralyser (vt)	[paralize]

allergie (de)	allergie (f)	[alɛrʒi]
astma (de/het)	asthme (m)	[asm]
diabetes (de)	diabète (m)	[djabɛt]

tandpijn (de)	mal (m) de dents	[mal də dɑ̃]
tandbederf (het)	carie (f)	[kari]

diarree (de)	diarrhée (f)	[djare]
constipatie (de)	constipation (f)	[kɔ̃stipasjɔ̃]
maagstoornis (de)	estomac (m) barbouillé	[ɛstɔma barbuje]
voedselvergiftiging (de)	intoxication (f) alimentaire	[ɛ̃tɔksikasjɔn alimɑ̃tɛr]
voedselvergiftiging oplopen	être intoxiqué	[ɛtr ɛ̃tɔksike]

artritis (de)	arthrite (f)	[artrit]
rachitis (de)	rachitisme (m)	[raʃitism]
reuma (het)	rhumatisme (m)	[rymatism]
arteriosclerose (de)	athérosclérose (f)	[ateroskleroz]

gastritis (de)	gastrite (f)	[gastrit]
blindedarmontsteking (de)	appendicite (f)	[apɛ̃disit]

galblaasontsteking (de)	cholécystite (f)	[kɔlesistit]
zweer (de)	ulcère (m)	[ylsɛr]

mazelen (mv.)	rougeole (f)	[ruʒɔl]
rodehond (de)	rubéole (f)	[rybeɔl]
geelzucht (de)	jaunisse (f)	[ʒonis]
leverontsteking (de)	hépatite (f)	[epatit]

schizofrenie (de)	schizophrénie (f)	[skizɔfreni]
dolheid (de)	rage (f)	[raʒ]
neurose (de)	névrose (f)	[nevroz]
hersenschudding (de)	commotion (f) cérébrale	[kɔmɔsjɔ̃ serebral]

kanker (de)	cancer (m)	[kɑ̃sɛr]
sclerose (de)	sclérose (f)	[skleroz]
multiple sclerose (de)	sclérose (f) en plaques	[skleroz ɑ̃ plak]

alcoholisme (het)	alcoolisme (m)	[alkɔlism]
alcoholicus (de)	alcoolique (m)	[alkɔlik]
syfilis (de)	syphilis (f)	[sifilis]
AIDS (de)	SIDA (m)	[sida]

tumor (de)	tumeur (f)	[tymœr]
kwaadaardig (bn)	maligne (adj)	[maliɲ]
goedaardig (bn)	bénigne (adj)	[beniɲ]

koorts (de)	fièvre (f)	[fjɛvr]
malaria (de)	malaria (f)	[malarja]
gangreen (het)	gangrène (f)	[gɑ̃grɛn]
zeeziekte (de)	mal (m) de mer	[mal də mɛr]
epilepsie (de)	épilepsie (f)	[epilɛpsi]

epidemie (de)	épidémie (f)	[epidemi]
tyfus (de)	typhus (m)	[tifys]
tuberculose (de)	tuberculose (f)	[tybɛrkyloz]
cholera (de)	choléra (m)	[kɔlera]
pest (de)	peste (f)	[pɛst]

48. Symptomen. Behandelingen. Deel 1

symptoom (het)	symptôme (m)	[sɛ̃ptom]
temperatuur (de)	température (f)	[tɑ̃peratyr]
verhoogde temperatuur (de)	fièvre (f)	[fjɛvr]
polsslag (de)	pouls (m)	[pu]

duizeling (de)	vertige (m)	[vɛrtiʒ]
heet (erg warm)	chaud (adj)	[ʃo]
koude rillingen (mv.)	frisson (m)	[frisɔ̃]
bleek (bn)	pâle (adj)	[pɑl]

hoest (de)	toux (f)	[tu]
hoesten (ww)	tousser (vi)	[tuse]
niezen (ww)	éternuer (vi)	[etɛrnɥe]
flauwte (de)	évanouissement (m)	[evanwismɑ̃]

flauwvallen (ww)	s'évanouir (vp)	[sevanwir]
blauwe plek (de)	bleu (m)	[blø]
buil (de)	bosse (f)	[bɔs]
zich stoten (ww)	se heurter (vp)	[sə œrte]
kneuzing (de)	meurtrissure (f)	[mœrtrisyr]
kneuzen (gekneusd zijn)	se faire mal	[sə fɛr mal]
hinken (ww)	boiter (vi)	[bwate]
verstuiking (de)	foulure (f)	[fulyr]
verstuiken (enkel, enz.)	se démettre (vp)	[sə demɛtr]
breuk (de)	fracture (f)	[fraktyr]
een breuk oplopen	avoir une fracture	[avwar yn fraktyr]
snijwond (de)	coupure (f)	[kupyr]
zich snijden (ww)	se couper (vp)	[sə kupe]
bloeding (de)	hémorragie (f)	[emɔraʒi]
brandwond (de)	brûlure (f)	[brylyr]
zich branden (ww)	se brûler (vp)	[sə bryle]
prikken (ww)	se piquer (vp)	[sə pike]
zich prikken (ww)	se piquer (vp)	[sə pike]
blesseren (ww)	blesser (vt)	[blese]
blessure (letsel)	blessure (f)	[blesyr]
wond (de)	blessure (f)	[blesyr]
trauma (het)	trauma (m)	[troma]
IJlen (ww)	délirer (vi)	[delire]
stotteren (ww)	bégayer (vi)	[begeje]
zonnesteek (de)	insolation (f)	[ɛ̃sɔlasjɔ̃]

49. Symptomen. Behandelingen. Deel 2

pijn (de)	douleur (f)	[dulœr]
splinter (de)	écharde (f)	[eʃard]
zweet (het)	sueur (f)	[sɥœr]
zweten (ww)	suer (vi)	[sɥe]
braking (de)	vomissement (m)	[vɔmismɑ̃]
stuiptrekkingen (mv.)	spasmes (m pl)	[spasm]
zwanger (bn)	enceinte (adj)	[ɑ̃sɛ̃t]
geboren worden (ww)	naître (vi)	[nɛtr]
geboorte (de)	accouchement (m)	[akuʃmɑ̃]
baren (ww)	accoucher (vt)	[akuʃe]
abortus (de)	avortement (m)	[avɔrtəmɑ̃]
ademhaling (de)	respiration (f)	[rɛspirasjɔ̃]
inademing (de)	inhalation (f)	[inalasjɔ̃]
uitademing (de)	expiration (f)	[ɛkspirasjɔ̃]
uitademen (ww)	expirer (vi)	[ɛkspire]
inademen (ww)	inspirer (vi)	[inale]
invalide (de)	invalide (m)	[ɛ̃valid]
gehandicapte (de)	handicapé (m)	[ɑ̃dikape]

drugsverslaafde (de)	drogué (m)	[drɔge]
doof (bn)	sourd (adj)	[sur]
stom (bn)	muet (adj)	[mɥɛ]
doofstom (bn)	sourd-muet (adj)	[surmɥɛ]
krankzinnig (bn)	fou (adj)	[fu]
krankzinnige (man)	fou (m)	[fu]
krankzinnige (vrouw)	folle (f)	[fɔl]
krankzinnig worden	devenir fou	[dəvnir fu]
gen (het)	gène (m)	[ʒɛn]
immuniteit (de)	immunité (f)	[imynite]
erfelijk (bn)	héréditaire (adj)	[ereditɛr]
aangeboren (bn)	congénital (adj)	[kõʒenital]
virus (het)	virus (m)	[virys]
microbe (de)	microbe (m)	[mikrɔb]
bacterie (de)	bactérie (f)	[bakteri]
infectie (de)	infection (f)	[ɛ̃fɛksjõ]

50. Symptomen. Behandelingen. Deel 3

ziekenhuis (het)	hôpital (m)	[ɔpital]
patiënt (de)	patient (m)	[pasjã]
diagnose (de)	diagnostic (m)	[djagnɔstik]
genezing (de)	cure (f)	[kyr]
medische behandeling (de)	traitement (m)	[trɛtmã]
onder behandeling zijn	se faire soigner	[sə fɛr swaɲe]
behandelen (ww)	traiter (vt)	[trete]
zorgen (zieken ~)	soigner (vt)	[swaɲe]
ziekenzorg (de)	soins (m pl)	[swɛ̃]
operatie (de)	opération (f)	[ɔperasjõ]
verbinden (een arm ~)	panser (vt)	[pãse]
verband (het)	pansement (m)	[pãsmã]
vaccin (het)	vaccination (f)	[vaksinasjõ]
inenten (vaccineren)	vacciner (vt)	[vaksine]
injectie (de)	piqûre (f)	[pikyr]
een injectie geven	faire une piqûre	[fɛr yn pikyr]
aanval (de)	crise, attaque (f)	[kriz], [atak]
amputatie (de)	amputation (f)	[ãpytasjõ]
amputeren (ww)	amputer (vt)	[ãpyte]
coma (het)	coma (m)	[kɔma]
in coma liggen	être dans le coma	[ɛtr dã lə kɔma]
intensieve zorg, ICU (de)	réanimation (f)	[reanimasjõ]
zich herstellen (ww)	se rétablir (vp)	[sə retablir]
toestand (de)	état (m)	[eta]
bewustzijn (het)	conscience (f)	[kõsjãs]
geheugen (het)	mémoire (f)	[memwar]
trekken (een kies ~)	arracher (vt)	[araʃe]

| vulling (de) | plombage (m) | [plɔ̃baʒ] |
| vullen (ww) | plomber (vt) | [plɔ̃be] |

| hypnose (de) | hypnose (f) | [ipnoz] |
| hypnotiseren (ww) | hypnotiser (vt) | [ipnɔtize] |

51. Artsen

dokter, arts (de)	médecin (m)	[medsɛ̃]
ziekenzuster (de)	infirmière (f)	[ɛ̃firmjɛr]
lijfarts (de)	médecin (m) personnel	[medsɛ̃ pɛrsɔnɛl]

tandarts (de)	dentiste (m)	[dɑ̃tist]
oogarts (de)	ophtalmologiste (m)	[ɔftalmɔlɔʒist]
therapeut (de)	généraliste (m)	[ʒeneralist]
chirurg (de)	chirurgien (m)	[ʃiryrʒjɛ̃]

psychiater (de)	psychiatre (m)	[psikjatr]
pediater (de)	pédiatre (m)	[pedjatr]
psycholoog (de)	psychologue (m)	[psikɔlɔg]
gynaecoloog (de)	gynécologue (m)	[ʒinekɔlɔg]
cardioloog (de)	cardiologue (m)	[kardjɔlɔg]

52. Geneeskunde. Medicijnen. Accessoires

geneesmiddel (het)	médicament (m)	[medikamɑ̃]
middel (het)	remède (m)	[rəmɛd]
voorschrijven (ww)	prescrire (vt)	[prɛskrir]
recept (het)	ordonnance (f)	[ɔrdɔnɑ̃s]

tablet (de/het)	comprimé (m)	[kɔ̃prime]
zalf (de)	onguent (m)	[ɔ̃gɑ̃]
ampul (de)	ampoule (f)	[ɑ̃pul]
drank (de)	mixture (f)	[mikstyr]
siroop (de)	sirop (m)	[siro]
pil (de)	pilule (f)	[pilyl]
poeder (de/het)	poudre (f)	[pudr]

verband (het)	bande (f)	[bɑ̃d]
watten (mv.)	coton (m)	[kɔtɔ̃]
jodium (het)	iode (m)	[jɔd]

pleister (de)	sparadrap (m)	[sparadra]
pipet (de)	compte-gouttes (m)	[kɔ̃tgut]
thermometer (de)	thermomètre (m)	[tɛrmɔmɛtr]
spuit (de)	seringue (f)	[sərɛ̃g]

| rolstoel (de) | fauteuil (m) roulant | [fotœj rulɑ̃] |
| krukken (mv.) | béquilles (f pl) | [bekij] |

| pijnstiller (de) | anesthésique (m) | [anɛstezik] |
| laxeermiddel (het) | purgatif (m) | [pyrgatif] |

spiritus (de)	alcool (m)	[alkɔl]
medicinale kruiden (mv.)	herbe (f) médicinale	[ɛrb medisinal]
kruiden- (abn)	d'herbes (adj)	[dɛrb]

HET MENSELIJKE LEEFGEBIED

Stad

53. Stad. Het leven in de stad

stad (de)	ville (f)	[vil]
hoofdstad (de)	capitale (f)	[kapital]
dorp (het)	village (m)	[vilaʒ]
plattegrond (de)	plan (m) de la ville	[plɑ̃ də la vil]
centrum (ov. een stad)	centre-ville (m)	[sɑ̃trəvil]
voorstad (de)	banlieue (f)	[bɑ̃ljø]
voorstads- (abn)	de banlieue (adj)	[də bɑ̃ljø]
randgemeente (de)	périphérie (f)	[periferi]
omgeving (de)	alentours (m pl)	[alɑ̃tur]
blok (huizenblok)	quartier (m)	[kartje]
woonwijk (de)	quartier (m) résidentiel	[kartje rezidɑ̃sjɛl]
verkeer (het)	trafic (m)	[trafik]
verkeerslicht (het)	feux (m pl) de circulation	[fø də sirkylasjɔ̃]
openbaar vervoer (het)	transport (m) urbain	[trɑ̃spɔr yrbɛ̃]
kruispunt (het)	carrefour (m)	[karfur]
zebrapad (oversteekplaats)	passage (m) piéton	[pɑsaʒ pjetɔ̃]
onderdoorgang (de)	passage (m) souterrain	[pɑsaʒ sutɛrɛ̃]
oversteken (de straat ~)	traverser (vt)	[travɛrse]
voetganger (de)	piéton (m)	[pjetɔ̃]
trottoir (het)	trottoir (m)	[trɔtwar]
brug (de)	pont (m)	[pɔ̃]
dijk (de)	quai (m)	[kɛ]
fontein (de)	fontaine (f)	[fɔ̃tɛn]
allee (de)	allée (f)	[ale]
park (het)	parc (m)	[park]
boulevard (de)	boulevard (m)	[bulvar]
plein (het)	place (f)	[plas]
laan (de)	avenue (f)	[avny]
straat (de)	rue (f)	[ry]
zijstraat (de)	ruelle (f)	[rɥɛl]
doodlopende straat (de)	impasse (f)	[ɛ̃pas]
huis (het)	maison (f)	[mɛzɔ̃]
gebouw (het)	édifice (m)	[edifis]
wolkenkrabber (de)	gratte-ciel (m)	[gratsjɛl]
gevel (de)	façade (f)	[fasad]
dak (het)	toit (m)	[twa]

venster (het)	fenêtre (f)	[fənɛtr]
boog (de)	arc (m)	[ark]
pilaar (de)	colonne (f)	[kɔlɔn]
hoek (ov. een gebouw)	coin (m)	[kwɛ̃]

vitrine (de)	vitrine (f)	[vitrin]
gevelreclame (de)	enseigne (f)	[ɑ̃sɛɲ]
affiche (de/het)	affiche (f)	[afiʃ]
reclameposter (de)	affiche (f) publicitaire	[afiʃ pyblisitɛr]
aanplakbord (het)	panneau-réclame (m)	[pano reklam]

vuilnis (de/het)	ordures (f pl)	[ɔrdyr]
vuilnisbak (de)	poubelle (f)	[pubɛl]
afval weggooien (ww)	jeter ... à terre	[ʒəte ... a tɛr]
stortplaats (de)	décharge (f)	[deʃarʒ]

telefooncel (de)	cabine (f) téléphonique	[kabin telefɔnik]
straatlicht (het)	réverbère (m)	[revɛrbɛr]
bank (de)	banc (m)	[bɑ̃]

politieagent (de)	policier (m)	[pɔlisje]
politie (de)	police (f)	[pɔlis]
zwerver (de)	clochard (m)	[klɔʃar]
dakloze (de)	sans-abri (m)	[sɑ̃zabri]

54. Stedelijke instellingen

winkel (de)	magasin (m)	[magazɛ̃]
apotheek (de)	pharmacie (f)	[farmasi]
optiek (de)	opticien (m)	[ɔptisjɛ̃]
winkelcentrum (het)	centre (m) commercial	[sɑ̃tr kɔmɛrsjal]
supermarkt (de)	supermarché (m)	[sypɛrmarʃe]

bakkerij (de)	boulangerie (f)	[bulɑ̃ʒri]
bakker (de)	boulanger (m)	[bulɑ̃ʒe]
banketbakkerij (de)	pâtisserie (f)	[patisri]
kruidenier (de)	épicerie (f)	[episri]
slagerij (de)	boucherie (f)	[buʃri]

groentewinkel (de)	magasin (m) de légumes	[magazɛ̃ də legym]
markt (de)	marché (m)	[marʃe]

koffiehuis (het)	salon (m) de café	[salɔ̃ də kafe]
restaurant (het)	restaurant (m)	[rɛstɔrɑ̃]
bar (de)	brasserie (f)	[brasri]
pizzeria (de)	pizzeria (f)	[pidzerja]

kapperssalon (de/het)	salon (m) de coiffure	[salɔ̃ də kwafyr]
postkantoor (het)	poste (f)	[pɔst]
stomerij (de)	pressing (m)	[presiŋ]
fotostudio (de)	atelier (m) de photo	[atəlje də fɔto]

schoenwinkel (de)	magasin (m) de chaussures	[magazɛ̃ də ʃosyr]
boekhandel (de)	librairie (f)	[librɛri]

sportwinkel (de)	magasin (m) d'articles de sport	[magazɛ̃ dartikl də spɔr]
kledingreparatie (de)	atelier (m) de retouche	[atəlje də rətuʃ]
kledingverhuur (de)	location (f) de vêtements	[lɔkasjɔ̃ də vɛtmɑ̃]
videotheek (de)	location (f) de films	[lɔkasjɔ̃ də film]
circus (de/het)	cirque (m)	[sirk]
dierentuin (de)	zoo (m)	[zoo]
bioscoop (de)	cinéma (m)	[sinema]
museum (het)	musée (m)	[myze]
bibliotheek (de)	bibliothèque (f)	[biblijɔtɛk]
theater (het)	théâtre (m)	[teɑtr]
opera (de)	opéra (m)	[ɔpera]
nachtclub (de)	boîte (f) de nuit	[bwat də nɥi]
casino (het)	casino (m)	[kazino]
moskee (de)	mosquée (f)	[mɔske]
synagoge (de)	synagogue (f)	[sinagɔg]
kathedraal (de)	cathédrale (f)	[katedral]
tempel (de)	temple (m)	[tɑ̃pl]
kerk (de)	église (f)	[egliz]
instituut (het)	institut (m)	[ɛ̃stity]
universiteit (de)	université (f)	[ynivɛrsite]
school (de)	école (f)	[ekɔl]
gemeentehuis (het)	préfecture (f)	[prefɛktyr]
stadhuis (het)	mairie (f)	[meri]
hotel (het)	hôtel (m)	[otɛl]
bank (de)	banque (f)	[bɑ̃k]
ambassade (de)	ambassade (f)	[ɑ̃basad]
reisbureau (het)	agence (f) de voyages	[aʒɑ̃s də vwajaʒ]
informatieloket (het)	bureau (m) d'information	[byro dɛ̃fɔrmasjɔ̃]
wisselkantoor (het)	bureau (m) de change	[byro də ʃɑ̃ʒ]
metro (de)	métro (m)	[metro]
ziekenhuis (het)	hôpital (m)	[ɔpital]
benzinestation (het)	station-service (f)	[stasjɔ̃sɛrvis]
parking (de)	parking (m)	[parkiŋ]

55. Borden

gevelreclame (de)	enseigne (f)	[ɑ̃sɛɲ]
opschrift (het)	pancarte (f)	[pɑ̃kart]
poster (de)	poster (m)	[pɔstɛr]
wegwijzer (de)	indicateur (m) de direction	[ɛ̃dikatœr də dirɛksjɔ̃]
pijl (de)	flèche (f)	[flɛʃ]
waarschuwing (verwittiging)	avertissement (m)	[avɛrtismɑ̃]
waarschuwingsbord (het)	panneau (m) d'avertissement	[pano davɛrtismɑ̃]

waarschuwen (ww)	avertir (vt)	[avɛrtir]
vrije dag (de)	jour (m) de repos	[ʒur də rəpo]
dienstregeling (de)	horaire (m)	[ɔrɛr]
openingsuren (mv.)	heures (f pl) d'ouverture	[zœr duvɛrtyr]
WELKOM!	BIENVENUE!	[bjɛ̃vny]
INGANG	ENTRÉE	[ɑ̃tre]
UITGANG	SORTIE	[sɔrti]
DUWEN	POUSSER	[puse]
TREKKEN	TIRER	[tire]
OPEN	OUVERT	[uvɛr]
GESLOTEN	FERMÉ	[fɛrme]
DAMES	FEMMES	[fam]
HEREN	HOMMES	[ɔm]
KORTING	RABAIS	[sɔld]
UITVERKOOP	SOLDES	[rabɛ]
NIEUW!	NOUVEAU!	[nuvo]
GRATIS	GRATUIT	[gratɥi]
PAS OP!	ATTENTION!	[atɑ̃sjɔ̃]
VOLGEBOEKT	COMPLET	[kɔ̃plɛ]
GERESERVEERD	RÉSERVÉ	[rezɛrve]
ADMINISTRATIE	ADMINISTRATION	[administrasjɔ̃]
ALLEEN VOOR PERSONEEL	RÉSERVÉ AU PERSONNEL	[rezɛrve o pɛrsɔnɛl]
GEVAARLIJKE HOND	ATTENTION CHIEN MECHANT	[atɑ̃sjɔ̃ ʃjɛ̃ meʃɑ̃]
VERBODEN TE ROKEN!	DÉFENSE DE FUMER	[defɑ̃s də fyme]
NIET AANRAKEN!	PRIERE DE NE PAS TOUCHER	[prijɛr dənəpɑ tuʃe]
GEVAARLIJK	DANGEREUX	[dɑ̃ʒrø]
GEVAAR	DANGER	[dɑ̃ʒe]
HOOGSPANNING	HAUTE TENSION	[ot tɑ̃sjɔ̃]
VERBODEN TE ZWEMMEN	BAIGNADE INTERDITE	[bɛɲad ɛ̃tɛrdit]
BUITEN GEBRUIK	HORS SERVICE	[ɔr sɛrvis]
ONTVLAMBAAR	INFLAMMABLE	[ɛ̃flamabl]
VERBODEN	INTERDIT	[ɛ̃tɛrdi]
DOORGANG VERBODEN	PASSAGE INTERDIT	[pɑsaʒ ɛ̃tɛrdi]
OPGELET PAS GEVERFD	PEINTURE FRAÎCHE	[pɛ̃tyr frɛʃ]

56. Stedelijk vervoer

bus, autobus (de)	autobus (m)	[otobys]
tram (de)	tramway (m)	[tramwɛ]
trolleybus (de)	trolleybus (m)	[trɔlɛbys]
route (de)	itinéraire (m)	[itinerɛr]
nummer (busnummer, enz.)	numéro (m)	[nymero]

rijden met ...	prendre ...	[prɑ̃dr]
stappen (in de bus ~)	monter (vi)	[mɔ̃te]
afstappen (ww)	descendre de ...	[desɑ̃dr də]

halte (de)	arrêt (m)	[arɛ]
volgende halte (de)	arrêt (m) prochain	[arɛt prɔʃɛ̃]
eindpunt (het)	terminus (m)	[tɛrminys]
dienstregeling (de)	horaire (m)	[ɔrɛr]
wachten (ww)	attendre (vt)	[atɑ̃dr]

| kaartje (het) | ticket (m) | [tikɛ] |
| reiskosten (de) | prix (m) du ticket | [pri dy tikɛ] |

kassier (de)	caissier (m)	[kesje]
kaartcontrole (de)	contrôle (m) des tickets	[kɔ̃trol de tikɛ]
controleur (de)	contrôleur (m)	[kɔ̃trolœr]

te laat zijn (ww)	être en retard	[ɛtr ɑ̃ rətar]
missen (de bus ~)	rater (vt)	[rate]
zich haasten (ww)	se dépêcher	[sə depeʃe]

taxi (de)	taxi (m)	[taksi]
taxichauffeur (de)	chauffeur (m) de taxi	[ʃofœr də taksi]
met de taxi (bw)	en taxi	[ɑ̃ taksi]
taxistandplaats (de)	arrêt (m) de taxi	[arɛ də taksi]
een taxi bestellen	appeler un taxi	[aple œ̃ taksi]
een taxi nemen	prendre un taxi	[prɑ̃dr œ̃ taksi]

verkeer (het)	trafic (m)	[trafik]
file (de)	embouteillage (m)	[ɑ̃butɛjaʒ]
spitsuur (het)	heures (f pl) de pointe	[œr də pwɛ̃t]
parkeren (on.ww.)	se garer (vp)	[sə gare]
parkeren (ov.ww.)	garer (vt)	[gare]
parking (de)	parking (m)	[parkiŋ]

metro (de)	métro (m)	[metro]
halte (bijv. kleine treinhalte)	station (f)	[stasjɔ̃]
de metro nemen	prendre le métro	[prɑ̃dr lə metro]
trein (de)	train (m)	[trɛ̃]
station (treinstation)	gare (f)	[gar]

57. Bezienswaardigheden

monument (het)	monument (m)	[mɔnymɑ̃]
vesting (de)	forteresse (f)	[fortɛrɛs]
paleis (het)	palais (m)	[palɛ]
kasteel (het)	château (m)	[ʃato]
toren (de)	tour (f)	[tur]
mausoleum (het)	mausolée (m)	[mozɔle]

architectuur (de)	architecture (f)	[arʃitɛktyr]
middeleeuws (bn)	médiéval (adj)	[medjeval]
oud (bn)	ancien (adj)	[ɑ̃sjɛ̃]
nationaal (bn)	national (adj)	[nasjɔnal]

bekend (bn)	connu (adj)	[kɔny]
toerist (de)	touriste (m)	[turist]
gids (de)	guide (m)	[gid]
rondleiding (de)	excursion (f)	[ɛkskyrsjɔ̃]
tonen (ww)	montrer (vt)	[mɔ̃tre]
vertellen (ww)	raconter (vt)	[rakɔ̃te]
vinden (ww)	trouver (vt)	[truve]
verdwalen (de weg kwijt zijn)	se perdre (vp)	[sə pɛrdr]
plattegrond (~ van de metro)	plan (m)	[plɑ̃]
plattegrond (~ van de stad)	carte (f)	[kart]
souvenir (het)	souvenir (m)	[suvnir]
souvenirwinkel (de)	boutique (f) de souvenirs	[butik də suvnir]
een foto maken (ww)	prendre en photo	[prɑ̃dr ɑ̃ fɔto]
zich laten fotograferen	se faire prendre en photo	[sə fɛr prɑ̃dr ɑ̃ fɔto]

58. Winkelen

kopen (ww)	acheter (vt)	[aʃte]
aankoop (de)	achat (m)	[aʃa]
winkelen (ww)	faire des achats	[fɛr dezaʃa]
winkelen (het)	shopping (m)	[ʃɔpiŋ]
open zijn (ov. een winkel, enz.)	être ouvert	[ɛtr uvɛr]
gesloten zijn (ww)	être fermé	[ɛtr fɛrme]
schoeisel (het)	chaussures (f pl)	[ʃosyr]
kleren (mv.)	vêtement (m)	[vɛtmɑ̃]
cosmetica (de)	produits (m pl) de beauté	[prɔdyi də bote]
voedingswaren (mv.)	produits (m pl) alimentaires	[prɔdyi alimɑ̃tɛr]
geschenk (het)	cadeau (m)	[kado]
verkoper (de)	vendeur (m)	[vɑ̃dœr]
verkoopster (de)	vendeuse (f)	[vɑ̃døz]
kassa (de)	caisse (f)	[kɛs]
spiegel (de)	miroir (m)	[mirwar]
toonbank (de)	comptoir (m)	[kɔ̃twar]
paskamer (de)	cabine (f) d'essayage	[kabin desɛjaʒ]
aanpassen (ww)	essayer (vt)	[eseje]
passen (ov. kleren)	aller bien	[ale bjɛ̃]
bevallen (prettig vinden)	plaire à …	[plɛr a]
prijs (de)	prix (m)	[pri]
prijskaartje (het)	étiquette (f) de prix	[etikɛt də pri]
kosten (ww)	coûter (vi, vt)	[kute]
Hoeveel?	Combien?	[kɔ̃bjɛ̃]
korting (de)	rabais (m)	[rabɛ]
niet duur (bn)	pas cher (adj)	[pɑ ʃɛr]
goedkoop (bn)	bon marché (adj)	[bɔ̃ marʃe]

duur (bn)	cher (adj)	[ʃɛr]
Dat is duur.	C'est cher	[sɛ ʃɛr]
verhuur (de)	location (f)	[lɔkasjɔ̃]
huren (smoking, enz.)	louer (vt)	[lwe]
krediet (het)	crédit (m)	[kredi]
op krediet (bw)	à crédit (adv)	[akredi]

59. Geld

geld (het)	argent (m)	[arʒɑ̃]
ruil (de)	échange (m)	[eʃɑ̃ʒ]
koers (de)	cours (m) de change	[kur də ʃɑ̃ʒ]
geldautomaat (de)	distributeur (m)	[distribytœr]
muntstuk (de)	monnaie (f)	[mɔnɛ]
dollar (de)	dollar (m)	[dɔlar]
euro (de)	euro (m)	[øro]
lire (de)	lire (f)	[lir]
Duitse mark (de)	mark (m) allemand	[mark almɑ̃]
frank (de)	franc (m)	[frɑ̃]
pond sterling (het)	livre sterling (f)	[livr stɛrliŋ]
yen (de)	yen (m)	[jɛn]
schuld (geldbedrag)	dette (f)	[dɛt]
schuldenaar (de)	débiteur (m)	[debitœr]
uitlenen (ww)	prêter (vt)	[prete]
lenen (geld ~)	emprunter (vt)	[ɑ̃prœ̃te]
bank (de)	banque (f)	[bɑ̃k]
bankrekening (de)	compte (m)	[kɔ̃t]
op rekening storten	verser dans le compte	[vɛrse dɑ̃ lə kɔ̃t]
opnemen (ww)	retirer du compte	[rətire dy kɔ̃t]
kredietkaart (de)	carte (f) de crédit	[kart də kredi]
baar geld (het)	espèces (f pl)	[ɛspɛs]
cheque (de)	chèque (m)	[ʃɛk]
een cheque uitschrijven	faire un chèque	[fɛr œ̃ ʃɛk]
chequeboekje (het)	chéquier (m)	[ʃekje]
portefeuille (de)	portefeuille (m)	[pɔrtəfœj]
geldbeugel (de)	bourse (f)	[burs]
portemonnee (de)	porte-monnaie (m)	[pɔrtmɔnɛ]
safe (de)	coffre fort (m)	[kɔfr fɔr]
erfgenaam (de)	héritier (m)	[eritje]
erfenis (de)	héritage (m)	[eritaʒ]
fortuin (het)	fortune (f)	[fɔrtyn]
huur (de)	location (f)	[lɔkasjɔ̃]
huurprijs (de)	loyer (m)	[lwaje]
huren (huis, kamer)	louer (vt)	[lwe]
prijs (de)	prix (m)	[pri]

kostprijs (de)	coût (m)	[ku]
som (de)	somme (f)	[sɔm]
uitgeven (geld besteden)	dépenser (vt)	[depɑ̃se]
kosten (mv.)	dépenses (f pl)	[depɑ̃s]
bezuinigen (ww)	économiser (vt)	[ekɔnɔmize]
zuinig (bn)	économe (adj)	[ekɔnɔm]
betalen (ww)	payer (vi, vt)	[peje]
betaling (de)	paiement (m)	[pɛmɑ̃]
wisselgeld (het)	monnaie (f)	[mɔnɛ]
belasting (de)	impôt (m)	[ɛ̃po]
boete (de)	amende (f)	[amɑ̃d]
beboeten (bekeuren)	mettre une amende	[mɛtr ynamɑ̃d]

60. Post. Postkantoor

postkantoor (het)	poste (f)	[pɔst]
post (de)	courrier (m)	[kurje]
postbode (de)	facteur (m)	[faktœr]
openingsuren (mv.)	heures (f pl) d'ouverture	[zœr duvɛrtyr]
brief (de)	lettre (f)	[lɛtr]
aangetekende brief (de)	recommandé (m)	[rəkɔmɑ̃de]
briefkaart (de)	carte (f) postale	[kart pɔstal]
telegram (het)	télégramme (m)	[telegram]
postpakket (het)	colis (m)	[kɔli]
overschrijving (de)	mandat (m) postal	[mɑ̃da pɔstal]
ontvangen (ww)	recevoir (vt)	[rəsəvwar]
sturen (zenden)	envoyer (vt)	[ɑ̃vwaje]
verzending (de)	envoi (m)	[ɑ̃vwa]
adres (het)	adresse (f)	[adrɛs]
postcode (de)	code (m) postal	[kɔd pɔstal]
verzender (de)	expéditeur (m)	[ɛkspeditœr]
ontvanger (de)	destinataire (m)	[dɛstinatɛr]
naam (de)	prénom (m)	[prenɔ̃]
achternaam (de)	nom (m) de famille	[nɔ̃ də famij]
tarief (het)	tarif (m)	[tarif]
standaard (bn)	normal (adj)	[nɔrmal]
zuinig (bn)	économique (adj)	[ekɔnɔmik]
gewicht (het)	poids (m)	[pwa]
afwegen (op de weegschaal)	peser (vt)	[pəze]
envelop (de)	enveloppe (f)	[ɑ̃vlɔp]
postzegel (de)	timbre (m)	[tɛ̃br]
een postzegel plakken op	timbrer (vt)	[tɛ̃bre]

Woning. Huis. Thuis

61. Huis. Elektriciteit

elektriciteit (de)	électricité (f)	[elɛktrisite]
lamp (de)	ampoule (f)	[ɑ̃pul]
schakelaar (de)	interrupteur (m)	[ɛ̃teryptœr]
zekering (de)	plomb, fusible (m)	[plɔ̃], [fyzibl]
draad (de)	fil (m)	[fil]
bedrading (de)	installation (f) électrique	[ɛ̃stalasjɔ̃ elɛktrik]
elektriciteitsmeter (de)	compteur (m) électrique	[kɔ̃tœr elɛktrik]
gegevens (mv.)	relevé (m)	[rəlve]

62. Villa. Herenhuis

landhuisje (het)	maison (f) de campagne	[mɛzɔ̃ də kɑ̃paɲ]
villa (de)	villa (f)	[vila]
vleugel (de)	aile (f)	[ɛl]
tuin (de)	jardin (m)	[ʒardɛ̃]
park (het)	parc (m)	[park]
oranjerie (de)	serre (f) tropicale	[sɛr trɔpikal]
onderhouden (tuin, enz.)	s'occuper de ...	[sɔkype də]
zwembad (het)	piscine (f)	[pisin]
gym (het)	salle (f) de gym	[sal də ʒim]
tennisveld (het)	court (m) de tennis	[kur də tenis]
bioscoopkamer (de)	salle (f) de cinéma	[sal də sinema]
garage (de)	garage (m)	[garaʒ]
privé-eigendom (het)	propriété (f) privée	[prɔprijete prive]
eigen terrein (het)	terrain (m) privé	[tɛrɛ̃ prive]
waarschuwing (de)	avertissement (m)	[avɛrtismɑ̃]
waarschuwingsbord (het)	panneau (m) d'avertissement	[pano davɛrtismɑ̃]
bewaking (de)	sécurité (f)	[sekyrite]
bewaker (de)	agent (m) de sécurité	[aʒɑ̃ də sekyrite]
inbraakalarm (het)	alarme (f) antivol	[alarm ɑ̃tivɔl]

63. Appartement

appartement (het)	appartement (m)	[apartəmɑ̃]
kamer (de)	chambre (f)	[ʃɑ̃br]

slaapkamer (de)	chambre (f) à coucher	[ʃɑ̃br a kuʃe]
eetkamer (de)	salle (f) à manger	[sal a mɑ̃ʒe]
salon (de)	salon (m)	[salɔ̃]
studeerkamer (de)	bureau (m)	[byro]
gang (de)	antichambre (f)	[ɑ̃tiʃɑ̃br]
badkamer (de)	salle (f) de bains	[sal də bɛ̃]
toilet (het)	toilettes (f pl)	[twalɛt]
plafond (het)	plafond (m)	[plafɔ̃]
vloer (de)	plancher (m)	[plɑ̃ʃe]
hoek (de)	coin (m)	[kwɛ̃]

64. Meubels. Interieur

meubels (mv.)	meubles (m pl)	[mœbl]
tafel (de)	table (f)	[tabl]
stoel (de)	chaise (f)	[ʃɛz]
bed (het)	lit (m)	[li]
bankstel (het)	canapé (m)	[kanape]
fauteuil (de)	fauteuil (m)	[fotœj]
boekenkast (de)	bibliothèque (f)	[biblijɔtɛk]
boekenrek (het)	rayon (m)	[rɛjɔ̃]
stellingkast (de)	étagère (f)	[etaʒɛr]
kledingkast (de)	armoire (f)	[armwar]
kapstok (de)	patère (f)	[patɛr]
staande kapstok (de)	portemanteau (m)	[pɔrtmɑ̃to]
commode (de)	commode (f)	[kɔmɔd]
salontafeltje (het)	table (f) basse	[tabl bas]
spiegel (de)	miroir (m)	[mirwar]
tapijt (het)	tapis (m)	[tapi]
tapijtje (het)	petit tapis (m)	[pəti tapi]
haard (de)	cheminée (f)	[ʃəmine]
kaars (de)	bougie (f)	[buʒi]
kandelaar (de)	chandelier (m)	[ʃɑ̃dəlje]
gordijnen (mv.)	rideaux (m pl)	[rido]
behang (het)	papier (m) peint	[papje pɛ̃]
jaloezie (de)	jalousie (f)	[ʒaluzi]
bureaulamp (de)	lampe (f) de table	[lɑ̃p də tabl]
wandlamp (de)	applique (f)	[aplik]
staande lamp (de)	lampadaire (m)	[lɑ̃padɛr]
luchter (de)	lustre (m)	[lystr]
poot (ov. een tafel, enz.)	pied (m)	[pje]
armleuning (de)	accoudoir (m)	[akudwar]
rugleuning (de)	dossier (m)	[dosje]
la (de)	tiroir (m)	[tirwar]

65. Beddengoed

beddengoed (het)	linge (m) de lit	[lɛ̃ʒ də li]
kussen (het)	oreiller (m)	[ɔrɛje]
kussenovertrek (de)	taie (f) d'oreiller	[tɛ dɔrɛje]
deken (de)	couverture (f)	[kuvɛrtyr]
laken (het)	drap (m)	[dra]
sprei (de)	couvre-lit (m)	[kuvrəli]

66. Keuken

keuken (de)	cuisine (f)	[kɥizin]
gas (het)	gaz (m)	[gaz]
gasfornuis (het)	cuisinière (f) à gaz	[kɥizinjɛr a gaz]
elektrisch fornuis (het)	cuisinière (f) électrique	[kɥizinjɛr elɛktrik]
oven (de)	four (m)	[fur]
magnetronoven (de)	four (m) micro-ondes	[fur mikrɔ̃d]
koelkast (de)	réfrigérateur (m)	[refriʒeratœr]
diepvriezer (de)	congélateur (m)	[kɔ̃ʒelatœr]
vaatwasmachine (de)	lave-vaisselle (m)	[lavvesɛl]
vleesmolen (de)	hachoir (m)	[aʃwar]
vruchtenpers (de)	centrifugeuse (f)	[sɑ̃trifyʒøz]
toaster (de)	grille-pain (m)	[grijpɛ̃]
mixer (de)	batteur (m)	[batœr]
koffiemachine (de)	machine (f) à café	[maʃin a kafe]
koffiepot (de)	cafetière (f)	[kaftjɛr]
koffiemolen (de)	moulin (m) à café	[mulɛ̃ a kafe]
fluitketel (de)	bouilloire (f)	[bujwar]
theepot (de)	théière (f)	[tejɛr]
deksel (de/het)	couvercle (m)	[kuvɛrkl]
theezeefje (het)	passoire (f) à thé	[paswar a te]
lepel (de)	cuillère (f)	[kɥijɛr]
theelepeltje (het)	petite cuillère (f)	[pətit kɥijɛr]
eetlepel (de)	cuillère (f) à soupe	[kɥijɛr a sup]
vork (de)	fourchette (f)	[furʃɛt]
mes (het)	couteau (m)	[kuto]
vaatwerk (het)	vaisselle (f)	[vɛsɛl]
bord (het)	assiette (f)	[asjɛt]
schoteltje (het)	soucoupe (f)	[sukup]
likeurglas (het)	verre (m) à shot	[vɛr a ʃot]
glas (het)	verre (m)	[vɛr]
kopje (het)	tasse (f)	[tas]
suikerpot (de)	sucrier (m)	[sykrije]
zoutvat (het)	salière (f)	[saljɛr]
pepervat (het)	poivrière (f)	[pwavrijɛr]

boterschaaltje (het)	beurrier (m)	[bœrje]
steelpan (de)	casserole (f)	[kasrɔl]
bakpan (de)	poêle (f)	[pwal]
pollepel (de)	louche (f)	[luʃ]
vergiet (de/het)	passoire (f)	[pɑswar]
dienblad (het)	plateau (m)	[plato]
fles (de)	bouteille (f)	[butɛj]
glazen pot (de)	bocal (m)	[bɔkal]
blik (conserven~)	boîte (f) en fer-blanc	[bwat ɑ̃ fɛrblɑ̃]
flesopener (de)	ouvre-bouteille (m)	[uvrəbutɛj]
blikopener (de)	ouvre-boîte (m)	[uvrəbwat]
kurkentrekker (de)	tire-bouchon (m)	[tirbuʃɔ̃]
filter (de/het)	filtre (m)	[filtr]
filteren (ww)	filtrer (vt)	[filtre]
huisvuil (het)	ordures (f pl)	[ɔrdyr]
vuilnisemmer (de)	poubelle (f)	[pubɛl]

67. Badkamer

badkamer (de)	salle (f) de bains	[sal də bɛ̃]
water (het)	eau (f)	[o]
kraan (de)	robinet (m)	[rɔbinɛ]
warm water (het)	eau (f) chaude	[o ʃod]
koud water (het)	eau (f) froide	[o frwad]
tandpasta (de)	dentifrice (m)	[dɑ̃tifris]
tanden poetsen (ww)	se brosser les dents	[sə brɔse le dɑ̃]
tandenborstel (de)	brosse (f) à dents	[brɔs a dɑ̃]
zich scheren (ww)	se raser (vp)	[sə raze]
scheercrème (de)	mousse (f) à raser	[mus a raze]
scheermes (het)	rasoir (m)	[razwar]
wassen (ww)	laver (vt)	[lave]
een bad nemen	se laver (vp)	[sə lave]
douche (de)	douche (f)	[duʃ]
een douche nemen	prendre une douche	[prɑ̃dr yn duʃ]
bad (het)	baignoire (f)	[bɛɲwar]
toiletpot (de)	cuvette (f)	[kyvɛt]
wastafel (de)	lavabo (m)	[lavabo]
zeep (de)	savon (m)	[savɔ̃]
zeepbakje (het)	porte-savon (m)	[pɔrtsavɔ̃]
spons (de)	éponge (f)	[epɔ̃ʒ]
shampoo (de)	shampooing (m)	[ʃɑ̃pwɛ̃]
handdoek (de)	serviette (f)	[sɛrvjɛt]
badjas (de)	peignoir (m) de bain	[pɛɲwar də bɛ̃]
was (bijv. handwas)	lessive (f)	[lɛsiv]
wasmachine (de)	machine (f) à laver	[maʃin a lave]

| de was doen | faire la lessive | [fɛr la lɛsiv] |
| waspoeder (de) | lessive (f) | [lɛsiv] |

68. Huishoudelijke apparaten

televisie (de)	télé (f)	[tele]
cassettespeler (de)	magnétophone (m)	[maɲetɔfɔn]
videorecorder (de)	magnétoscope (m)	[maɲetɔskɔp]
radio (de)	radio (f)	[radjo]
speler (de)	lecteur (m)	[lɛktœr]

videoprojector (de)	vidéoprojecteur (m)	[videoprɔʒɛktœr]
home theater systeem (het)	home cinéma (m)	[həum sinema]
DVD-speler (de)	lecteur DVD (m)	[lɛktœr devede]
versterker (de)	amplificateur (m)	[ãplifikatœr]
spelconsole (de)	console (f) de jeux	[kõsɔl də ʒø]

videocamera (de)	caméscope (m)	[kameskɔp]
fotocamera (de)	appareil (m) photo	[aparɛj fɔto]
digitale camera (de)	appareil (m) photo numérique	[aparɛj fɔto nymerik]

stofzuiger (de)	aspirateur (m)	[aspiratœr]
strijkijzer (het)	fer (m) à repasser	[fɛr a rəpase]
strijkplank (de)	planche (f) à repasser	[plãʃ a rəpase]

telefoon (de)	téléphone (m)	[telefɔn]
mobieltje (het)	portable (m)	[pɔrtabl]
schrijfmachine (de)	machine (f) à écrire	[maʃin a ekrir]
naaimachine (de)	machine (f) à coudre	[maʃin a kudr]

microfoon (de)	micro (m)	[mikro]
koptelefoon (de)	écouteurs (m pl)	[ekutœr]
afstandsbediening (de)	télécommande (f)	[telekɔmãd]

CD (de)	CD (m)	[sede]
cassette (de)	cassette (f)	[kasɛt]
vinylplaat (de)	disque (m) vinyle	[disk vinil]

MENSELIJKE ACTIVITEITEN

Baan. Business. Deel 1

69. Kantoor. Op kantoor werken

kantoor (het)	bureau (m)	[byro]
kamer (de)	bureau (m)	[byro]
receptie (de)	accueil (m)	[akœj]
secretaris (de)	secrétaire (m)	[səkretɛr]
directeur (de)	directeur (m)	[dirɛktœr]
manager (de)	manager (m)	[manadʒœr]
boekhouder (de)	comptable (m)	[kõtabl]
werknemer (de)	collaborateur (m)	[kɔlabɔratœr]
meubilair (het)	meubles (m pl)	[mœbl]
tafel (de)	bureau (m)	[byro]
bureaustoel (de)	fauteuil (m)	[fotœj]
ladeblok (het)	classeur (m) à tiroirs	[klasœr a tirwar]
kapstok (de)	portemanteau (m)	[pɔrtmãto]
computer (de)	ordinateur (m)	[ɔrdinatœr]
printer (de)	imprimante (f)	[ɛ̃primãt]
fax (de)	fax (m)	[faks]
kopieerapparaat (het)	copieuse (f)	[kɔpjøz]
papier (het)	papier (m)	[papje]
kantoorartikelen (mv.)	papeterie (f)	[papɛtri]
muismat (de)	tapis (m) de souris	[tapi də suri]
blad (het)	feuille (f)	[fœj]
ordner (de)	classeur (m)	[klasœr]
catalogus (de)	catalogue (m)	[katalɔg]
telefoongids (de)	annuaire (m)	[anɥɛr]
documentatie (de)	documents (m pl)	[dɔkymã]
brochure (de)	brochure (f)	[brɔʃyr]
flyer (de)	prospectus (m)	[prɔspɛktys]
monster (het), staal (de)	échantillon (m)	[eʃãtijõ]
training (de)	formation (f)	[fɔrmasjõ]
vergadering (de)	réunion (f)	[reynjõ]
lunchpauze (de)	pause (f) déjeuner	[poz deʒœne]
een kopie maken	faire une copie	[fɛr yn kɔpi]
de kopieën maken	faire des copies	[fɛr de kɔpi]
een fax ontvangen	recevoir un fax	[resəvwar œ̃ faks]
een fax versturen	envoyer un fax	[ãvwaje œ̃ faks]
opbellen (ww)	téléphoner, appeler	[telefɔne], [aple]

| antwoorden (ww) | répondre (vi, vt) | [repɔ̃dr] |
| doorverbinden (ww) | passer (vt) | [pɑse] |

afspreken (ww)	fixer (vt)	[fikse]
demonstreren (ww)	montrer (vt)	[mɔ̃tre]
absent zijn (ww)	être absent	[ɛtr apsɑ̃]
afwezigheid (de)	absence (f)	[apsɑ̃s]

70. Bedrijfsprocessen. Deel 1

| bedrijf (business) | affaire (f) | [afɛr] |
| zaak (de), beroep (het) | métier (m) | [metje] |

firma (de)	firme (f), société (f)	[firm], [sɔsjete]
bedrijf (maatschap)	compagnie (f)	[kɔ̃paɲi]
corporatie (de)	corporation (f)	[kɔrpɔrasjɔ̃]
onderneming (de)	entreprise (f)	[ɑ̃trœpriz]
agentschap (het)	agence (f)	[aʒɑ̃s]

overeenkomst (de)	accord (m)	[akɔr]
contract (het)	contrat (m)	[kɔ̃tra]
transactie (de)	marché (m)	[marʃe]
bestelling (de)	commande (f)	[kɔmɑ̃d]
voorwaarde (de)	terme (m)	[tɛrm]

in het groot (bw)	en gros (adv)	[ɑ̃ gro]
groothandels- (abn)	en gros (adj)	[ɑ̃ gro]
groothandel (de)	vente (f) en gros	[vɑ̃t ɑ̃ gro]
kleinhandels- (abn)	au détail (adj)	[odetaj]
kleinhandel (de)	vente (f) au détail	[vɑ̃t o detaj]

concurrent (de)	concurrent (m)	[kɔ̃kyrɑ̃]
concurrentie (de)	concurrence (f)	[kɔ̃kyrɑ̃s]
concurreren (ww)	concurrencer (vt)	[kɔ̃kyrɑ̃se]

| partner (de) | associé (m) | [asɔsje] |
| partnerschap (het) | partenariat (m) | [partənarja] |

crisis (de)	crise (f)	[kriz]
bankroet (het)	faillite (f)	[fajit]
bankroet gaan (ww)	faire faillite	[fɛr fajit]
moeilijkheid (de)	difficulté (f)	[difikylte]
probleem (het)	problème (m)	[prɔblɛm]
catastrofe (de)	catastrophe (f)	[katastrɔf]

economie (de)	économie (f)	[ekɔnɔmi]
economisch (bn)	économique (adj)	[ekɔnɔmik]
economische recessie (de)	baisse (f) économique	[bɛs ekɔnɔmik]

| doel (het) | but (m) | [byt] |
| taak (de) | objectif (m) | [ɔbʒɛktif] |

| handelen (handel drijven) | faire du commerce | [fɛr dy kɔmɛrs] |
| netwerk (het) | réseau (m) | [rezo] |

voorraad (de)	inventaire (m)	[ɛ̃vɑ̃tɛr]
assortiment (het)	assortiment (m)	[asɔrtimɑ̃]

leider (de)	leader (m)	[lidœr]
groot (bn)	grand, grande (adj)	[grɑ̃, grɑ̃d]
monopolie (het)	monopole (m)	[mɔnɔpɔl]

theorie (de)	théorie (f)	[teɔri]
praktijk (de)	pratique (f)	[pratik]
ervaring (de)	expérience (f)	[ɛksperjɑ̃s]
tendentie (de)	tendance (f)	[tɑ̃dɑ̃s]
ontwikkeling (de)	développement (m)	[devlɔpmɑ̃]

71. Bedrijfsprocessen. Deel 2

voordeel (het)	rentabilité (m)	[rɑ̃tabilite]
voordelig (bn)	rentable (adj)	[rɑ̃tabl]

delegatie (de)	délégation (f)	[delegasjɔ̃]
salaris (het)	salaire (m)	[salɛr]
corrigeren (fouten ~)	corriger (vt)	[kɔriʒe]
zakenreis (de)	voyage (m) d'affaires	[vwajaʒ dafɛr]
commissie (de)	commission (f)	[kɔmisjɔ̃]

controleren (ww)	contrôler (vt)	[kɔ̃trole]
conferentie (de)	conférence (f)	[kɔ̃ferɑ̃s]
licentie (de)	licence (f)	[lisɑ̃s]
betrouwbaar (partner, enz.)	fiable (adj)	[fjabl]

aanzet (de)	initative (f)	[inisjativ]
norm (bijv. ~ stellen)	norme (f)	[nɔrm]
omstandigheid (de)	circonstance (f)	[sirkɔ̃stɑ̃s]
taak, plicht (de)	fonction (f)	[fɔ̃ksjɔ̃]

organisatie (bedrijf, zaak)	entreprise (f)	[ɑ̃trœpriz]
organisatie (proces)	organisation (f)	[ɔrganizasjɔ̃]
georganiseerd (bn)	organisé (adj)	[ɔrganize]
afzegging (de)	annulation (f)	[anylasjɔ̃]
afzeggen (ww)	annuler (vt)	[anyle]
verslag (het)	rapport (m)	[rapɔr]

patent (het)	brevet (m)	[brəvɛ]
patenteren (ww)	breveter (vt)	[brəvte]
plannen (ww)	planifier (vt)	[planifje]

premie (de)	prime (f)	[prim]
professioneel (bn)	professionnel (adj)	[prɔfɛsjɔnɛl]
procedure (de)	procédure (f)	[prɔsedyr]

onderzoeken (contract, enz.)	examiner (vt)	[ɛgzamine]
berekening (de)	calcul (m)	[kalkyl]
reputatie (de)	réputation (f)	[repytasjɔ̃]
risico (het)	risque (m)	[risk]
beheren (managen)	diriger (vt)	[diriʒe]

informatie (de)	renseignements (m pl)	[rɑ̃sɛɲəmɑ̃]
eigendom (bezit)	propriété (f)	[prɔprijete]
unie (de)	union (f)	[ynjɔ̃]

levensverzekering (de)	assurance vie (f)	[asyrɑ̃s vi]
verzekeren (ww)	assurer (vt)	[asyre]
verzekering (de)	assurance (f)	[asyrɑ̃s]

veiling (de)	enchères (f pl)	[ɑ̃ʃɛr]
verwittigen (ww)	notifier (vt)	[nɔtifje]
beheer (het)	gestion (f)	[ʒɛstjɔ̃]
dienst (de)	service (m)	[sɛrvis]

forum (het)	forum (m)	[fɔrɔm]
functioneren (ww)	fonctionner (vi)	[fɔ̃ksjɔne]
stap, etappe (de)	étape (f)	[etap]
juridisch (bn)	juridique (adj)	[ʒyridik]
jurist (de)	juriste (m)	[ʒyrist]

72. Productie. Werken

industriële installatie (fabriek)	usine (f)	[yzin]
fabriek (de)	fabrique (f)	[fabrik]
werkplaatsruimte (de)	atelier (m)	[atəlje]
productielocatie (de)	site (m) de production	[sit də prɔdyksjɔ̃]

industrie (de)	industrie (f)	[ɛ̃dystri]
industrieel (bn)	industriel (adj)	[ɛ̃dystrijɛl]
zware industrie (de)	industrie (f) lourde	[ɛ̃dystri lurd]
lichte industrie (de)	industrie (f) légère	[ɛ̃dystri leʒɛr]

productie (de)	produit (m)	[prɔdyi]
produceren (ww)	produire (vt)	[prɔdɥir]
grondstof (de)	matières (f pl) premières	[matjɛr prəmjɛr]

voorman, ploegbaas (de)	chef (m) d'équipe	[ʃɛf dekip]
ploeg (de)	équipe (f) d'ouvriers	[ekip duvrije]
arbeider (de)	ouvrier (m)	[uvrije]

werkdag (de)	jour (m) ouvrable	[ʒur uvrabl]
pauze (de)	pause (f)	[poz]
samenkomst (de)	réunion (f)	[reynjɔ̃]
bespreken (spreken over)	discuter (vt)	[diskyte]

plan (het)	plan (m)	[plɑ̃]
het plan uitvoeren	accomplir le plan	[akɔ̃plir lə plɑ̃]
productienorm (de)	norme (f) de production	[nɔrm də prɔdyksjɔ̃]
kwaliteit (de)	qualité (f)	[kalite]
controle (de)	contrôle (m)	[kɔ̃trol]
kwaliteitscontrole (de)	contrôle (m) qualité	[kɔ̃trol kalite]

arbeidsveiligheid (de)	sécurité (f) de travail	[sekyrite də travaj]
discipline (de)	discipline (f)	[disiplin]
overtreding (de)	infraction (f)	[ɛ̃fraksjɔ̃]

overtreden (ww)	violer (vt)	[vjɔle]
staking (de)	grève (f)	[grɛv]
staker (de)	gréviste (m)	[grevist]
staken (ww)	faire grève	[fɛr grɛv]
vakbond (de)	syndicat (m)	[sɛ̃dika]
uitvinden (machine, enz.)	inventer (vt)	[ɛ̃vɑ̃te]
uitvinding (de)	invention (f)	[ɛ̃vɑ̃sjɔ̃]
onderzoek (het)	recherche (f)	[rəʃɛrʃ]
verbeteren (beter maken)	améliorer (vt)	[ameljɔre]
technologie (de)	technologie (f)	[tɛknɔlɔʒi]
technische tekening (de)	dessin (m) technique	[desɛ̃ tɛknik]
vracht (de)	charge (f)	[ʃarʒ]
lader (de)	chargeur (m)	[ʃarʒœr]
laden (vrachtwagen)	charger (vt)	[ʃarʒe]
laden (het)	chargement (m)	[ʃarʒəmɑ̃]
lossen (ww)	décharger (vt)	[deʃarʒe]
lossen (het)	déchargement (m)	[deʃarʒəmɑ̃]
transport (het)	transport (m)	[trɑ̃spɔr]
transportbedrijf (de)	compagnie (f) de transport	[kɔ̃paɲi də trɑ̃spɔr]
transporteren (ww)	transporter (vt)	[trɑ̃spɔrte]
goederenwagon (de)	wagon (m) de marchandise	[vagɔ̃ də marʃɑ̃diz]
tank (bijv. ketelwagen)	citerne (f)	[sitɛrn]
vrachtwagen (de)	camion (m)	[kamjɔ̃]
machine (de)	machine-outil (f)	[maʃinuti]
mechanisme (het)	mécanisme (m)	[mekanism]
industrieel afval (het)	déchets (m pl)	[deʃɛ]
verpakking (de)	emballage (m)	[ɑ̃balaʒ]
verpakken (ww)	emballer (vt)	[ɑ̃bale]

73. Contract. Overeenstemming.

contract (het)	contrat (m)	[kɔ̃tra]
overeenkomst (de)	accord (m)	[akɔr]
bijlage (de)	annexe (f)	[anɛks]
een contract sluiten	signer un contrat	[siɲe œ̃ kɔ̃tra]
handtekening (de)	signature (f)	[siɲatyr]
ondertekenen (ww)	signer (vt)	[siɲe]
stempel (de)	cachet (m)	[kaʃe]
voorwerp (het) van de overeenkomst	objet (m) du contrat	[ɔbʒɛ dy kɔ̃tra]
clausule (de)	clause (f)	[kloz]
partijen (mv.)	côtés (m pl)	[kote]
vestigingsadres (het)	adresse (f) légale	[adrɛs legal]
het contract verbreken (overtreden)	violer l'accord	[vjɔle lakɔr]

verplichting (de)	obligation (f)	[ɔbligasjɔ̃]
verantwoordelijkheid (de)	responsabilité (f)	[rɛspɔ̃sabilite]
overmacht (de)	force (f) majeure	[fɔrs maʒœr]
geschil (het)	litige (m)	[litiʒ]
sancties (mv.)	pénalités (f pl)	[penalite]

74. Import & Export

import (de)	importation (f)	[ɛ̃pɔrtasjɔ̃]
importeur (de)	importateur (m)	[ɛ̃pɔrtatœr]
importeren (ww)	importer (vt)	[ɛ̃pɔrte]
import- (abn)	d'importation	[dɛ̃pɔrtasjɔ̃]
uitvoer (export)	exportation (f)	[ɛkspɔrtasjɔ̃]
exporteur (de)	exportateur (m)	[ɛkspɔrtatœr]
exporteren (ww)	exporter (vt)	[ɛkspɔrte]
uitvoer- (bijv., ~goederen)	à l'export	[a lɛkspɔr]
goederen (mv.)	marchandise (f)	[marʃɑ̃diz]
partij (de)	lot (m) de marchandises	[lo də marʃɑ̃diz]
gewicht (het)	poids (m)	[pwa]
volume (het)	volume (m)	[vɔlym]
kubieke meter (de)	mètre (m) cube	[mɛtr kyb]
producent (de)	producteur (m)	[prɔdyktœr]
transportbedrijf (de)	compagnie (f) de transport	[kɔ̃paɲi də trɑ̃spɔr]
container (de)	container (m)	[kɔ̃tɛnɛr]
grens (de)	frontière (f)	[frɔ̃tjɛr]
douane (de)	douane (f)	[dwan]
douanerecht (het)	droit (m) de douane	[drwa də dwan]
douanier (de)	douanier (m)	[dwanje]
smokkelen (het)	contrebande (f)	[kɔ̃trəbɑ̃d]
smokkelwaar (de)	contrebande (f)	[kɔ̃trəbɑ̃d]

75. Financiën

aandeel (het)	action (f)	[aksjɔ̃]
obligatie (de)	obligation (f)	[ɔbligasjɔ̃]
wissel (de)	lettre (f) de change	[lɛtr də ʃɑ̃ʒ]
beurs (de)	bourse (f)	[burs]
aandelenkoers (de)	cours (m) d'actions	[kur daksjɔ̃]
dalen (ww)	baisser (vi)	[bese]
stijgen (ww)	augmenter (vi)	[ɔgmɑ̃te]
deel (het)	part (f)	[par]
meerderheidsbelang (het)	participation (f) de contrôle	[partisipasjɔ̃ də kɔ̃trol]
investeringen (mv.)	investissements (m pl)	[ɛ̃vɛstismɑ̃]
investeren (ww)	investir (vt)	[ɛ̃vɛstir]

procent (het)	pour-cent (m)	[pursã]
rente (de)	intérêts (m pl)	[ɛ̃tɛrɛ]
winst (de)	profit (m)	[prɔfi]
winstgevend (bn)	profitable (adj)	[prɔfitabl]
belasting (de)	impôt (m)	[ɛ̃po]
valuta (vreemde ~)	devise (f)	[dəviz]
nationaal (bn)	national (adj)	[nasjɔnal]
ruil (de)	échange (m)	[eʃɑ̃ʒ]
boekhouder (de)	comptable (m)	[kɔ̃tabl]
boekhouding (de)	comptabilité (f)	[kɔ̃tabilite]
bankroet (het)	faillite (f)	[fajit]
ondergang (de)	krach (m)	[krak]
faillissement (het)	ruine (f)	[rɥin]
geruïneerd zijn (ww)	se ruiner (vp)	[sə rɥine]
inflatie (de)	inflation (f)	[ɛ̃flasjɔ̃]
devaluatie (de)	dévaluation (f)	[devalɥasjɔ̃]
kapitaal (het)	capital (m)	[kapital]
inkomen (het)	revenu (m)	[rəvəny]
omzet (de)	chiffre (m) d'affaires	[ʃifr dafɛr]
middelen (mv.)	ressources (f pl)	[rəsurs]
financiële middelen (mv.)	moyens (m pl) financiers	[mwajɛ̃ finɑ̃sje]
operationele kosten (mv.)	frais (m pl) généraux	[frɛ ʒenerø]
reduceren (kosten ~)	réduire (vt)	[redɥir]

76. Marketing

marketing (de)	marketing (m)	[marketiŋ]
markt (de)	marché (m)	[marʃe]
marktsegment (het)	segment (m) du marché	[sɛgmɑ̃ dy marʃe]
product (het)	produit (m)	[prɔdyi]
goederen (mv.)	marchandise (f)	[marʃɑ̃diz]
merk (het)	marque (f) de fabrique	[mark də fabrik]
handelsmerk (het)	marque (f) déposée	[mark depoze]
beeldmerk (het)	logotype (m)	[lɔgɔtip]
logo (het)	logo (m)	[lɔgo]
vraag (de)	demande (f)	[dəmɑ̃d]
aanbod (het)	offre (f)	[ɔfr]
behoefte (de)	besoin (m)	[bəzwɛ̃]
consument (de)	consommateur (m)	[kɔ̃sɔmatœr]
analyse (de)	analyse (f)	[analiz]
analyseren (ww)	analyser (vt)	[analize]
positionering (de)	positionnement (m)	[pozisjɔnmɑ̃]
positioneren (ww)	positionner (vt)	[pozisjɔne]
prijs (de)	prix (m)	[pri]
prijspolitiek (de)	politique (f) des prix	[politik de pri]
prijsvorming (de)	formation (f) des prix	[formasjɔ̃ de pri]

77. Reclame

reclame (de)	publicité (f), pub (f)	[pyblisite], [pyb]
adverteren (ww)	faire de la publicité	[fɛr də la pyblisite]
budget (het)	budget (m)	[bydʒɛ]
advertentie, reclame (de)	annonce (f), pub (f)	[anɔ̃s], [pyb]
TV-reclame (de)	publicité (f) à la télévision	[pyblisite ɑla televizjɔ̃]
radioreclame (de)	publicité (f) à la radio	[pyblisite ɑla radjo]
buitenreclame (de)	publicité (f) extérieure	[pyblisite ɛksterjœr]
massamedia (de)	mass média (m pl)	[masmedja]
periodiek (de)	périodique (m)	[perjɔdik]
imago (het)	image (f)	[imaʒ]
slagzin (de)	slogan (m)	[slɔgɑ̃]
motto (het)	devise (f)	[dəviz]
campagne (de)	campagne (f)	[kɑ̃paɲ]
reclamecampagne (de)	campagne (f) publicitaire	[kɑ̃paɲ pyblisitɛr]
doelpubliek (het)	public (m) cible	[pyblik sibl]
visitekaartje (het)	carte (f) de visite	[kart də vizit]
flyer (de)	prospectus (m)	[prɔspɛktys]
brochure (de)	brochure (f)	[brɔʃyr]
folder (de)	dépliant (m)	[deplijɑ̃]
nieuwsbrief (de)	bulletin (m)	[byltɛ̃]
gevelreclame (de)	enseigne (f)	[ɑ̃sɛɲ]
poster (de)	poster (m)	[pɔstɛr]
aanplakbord (het)	panneau-réclame (m)	[pano reklam]

78. Bankieren

bank (de)	banque (f)	[bɑ̃k]
bankfiliaal (het)	agence (f) bancaire	[aʒɑ̃s bɑ̃kɛr]
bankbediende (de)	conseiller (m)	[kɔ̃seje]
manager (de)	gérant (m)	[ʒerɑ̃]
bankrekening (de)	compte (m)	[kɔ̃t]
rekeningnummer (het)	numéro (m) du compte	[nymero dy kɔ̃t]
lopende rekening (de)	compte (m) courant	[kɔ̃t kurɑ̃]
spaarrekening (de)	compte (m) sur livret	[kɔ̃t syr livrɛ]
een rekening openen	ouvrir un compte	[uvrir œ̃ kɔ̃t]
de rekening sluiten	clôturer le compte	[klotyre lə kɔ̃t]
op rekening storten	verser dans le compte	[vɛrse dɑ̃ lə kɔ̃t]
opnemen (ww)	retirer du compte	[rətire dy kɔ̃t]
storting (de)	dépôt (m)	[depo]
een storting maken	faire un dépôt	[fɛr œ̃ depo]
overschrijving (de)	virement (m) bancaire	[virmɑ̃ bɑ̃kɛr]

een overschrijving maken	faire un transfert	[fɛr œ̃ trɑ̃sfɛr]
som (de)	somme (f)	[sɔm]
Hoeveel?	Combien?	[kɔ̃bjɛ̃]
handtekening (de)	signature (f)	[siɲatyr]
ondertekenen (ww)	signer (vt)	[siɲe]
kredietkaart (de)	carte (f) de crédit	[kart də kredi]
code (de)	code (m)	[kɔd]
kredietkaartnummer (het)	numéro (m) de carte de crédit	[nymero də kart də kredi]
geldautomaat (de)	distributeur (m)	[distribytœr]
cheque (de)	chèque (m)	[ʃɛk]
een cheque uitschrijven	faire un chèque	[fɛr œ̃ ʃɛk]
chequeboekje (het)	chéquier (m)	[ʃekje]
lening, krediet (de)	crédit (m)	[kredi]
een lening aanvragen	demander un crédit	[dəmɑ̃de œ̃ kredi]
een lening nemen	prendre un crédit	[prɑ̃dr œ̃ kredi]
een lening verlenen	accorder un crédit	[akɔrde œ̃ kredi]
garantie (de)	gage (m)	[gaʒ]

79. Telefoon. Telefoongesprek

telefoon (de)	téléphone (m)	[telefɔn]
mobieltje (het)	portable (m)	[pɔrtabl]
antwoordapparaat (het)	répondeur (m)	[repɔ̃dœr]
bellen (ww)	téléphoner, appeler	[telefɔne], [aple]
belletje (telefoontje)	appel (m)	[apɛl]
een nummer draaien	composer le numéro	[kɔ̃poze lə nymero]
Hallo!	Allô!	[alo]
vragen (ww)	demander (vt)	[dəmɑ̃de]
antwoorden (ww)	répondre (vi, vt)	[repɔ̃dr]
horen (ww)	entendre (vt)	[ɑ̃tɑ̃dr]
goed (bw)	bien (adv)	[bjɛ̃]
slecht (bw)	mal (adv)	[mal]
storingen (mv.)	bruits (m pl)	[brɥi]
hoorn (de)	récepteur (m)	[resɛptœr]
opnemen (ww)	décrocher (vt)	[dekrɔʃe]
ophangen (ww)	raccrocher (vi)	[rakrɔʃe]
bezet (bn)	occupé (adj)	[ɔkype]
overgaan (ww)	sonner (vi)	[sɔ̃ne]
telefoonboek (het)	carnet (m) de téléphone	[karnɛ də telefɔn]
lokaal (bn)	local (adj)	[lɔkal]
lokaal gesprek (het)	appel (m) local	[apɛl lɔkal]
interlokaal (bn)	interurbain (adj)	[ɛ̃tɛryrbɛ̃]
interlokaal gesprek (het)	appel (m) interurbain	[apɛl ɛ̃tɛryrbɛ̃]
buitenlands (bn)	international (adj)	[ɛ̃tɛrnasjɔnal]

80. Mobiele telefoon

mobieltje (het)	portable (m)	[pɔrtabl]
scherm (het)	écran (m)	[ekrɑ̃]
toets, knop (de)	bouton (m)	[butɔ̃]
simkaart (de)	carte SIM (f)	[kart sim]

batterij (de)	pile (f)	[pil]
leeg zijn (ww)	être déchargé	[ɛtr deʃarʒe]
acculader (de)	chargeur (m)	[ʃarʒœr]

menu (het)	menu (m)	[məny]
instellingen (mv.)	réglages (m pl)	[reglaʒ]
melodie (beltoon)	mélodie (f)	[melɔdi]
selecteren (ww)	sélectionner (vt)	[selɛksjɔne]

rekenmachine (de)	calculatrice (f)	[kalkylatris]
voicemail (de)	répondeur (m)	[repɔ̃dœr]
wekker (de)	réveil (m)	[revɛj]
contacten (mv.)	contacts (m pl)	[kɔ̃takt]

SMS-bericht (het)	SMS (m)	[esemes]
abonnee (de)	abonné (m)	[abɔne]

81. Schrijfbehoeften

balpen (de)	stylo (m) à bille	[stilo a bij]
vulpen (de)	stylo (m) à plume	[stilo a plym]

potlood (het)	crayon (m)	[krɛjɔ̃]
marker (de)	marqueur (m)	[markœr]
viltstift (de)	feutre (m)	[føtr]

notitieboekje (het)	bloc-notes (m)	[blɔknɔt]
agenda (boekje)	agenda (m)	[aʒɛ̃da]

liniaal (de/het)	règle (f)	[rɛgl]
rekenmachine (de)	calculatrice (f)	[kalkylatris]
gom (de)	gomme (f)	[gɔm]
punaise (de)	punaise (f)	[pynɛz]
paperclip (de)	trombone (m)	[trɔ̃bɔn]

lijm (de)	colle (f)	[kɔl]
nietmachine (de)	agrafeuse (f)	[agraføz]
perforator (de)	perforateur (m)	[pɛrfɔratœr]
potloodslijper (de)	taille-crayon (m)	[tajkrɛjɔ̃]

82. Soorten bedrijven

boekhouddiensten (mv.)	services (m pl) comptables	[sɛrvis kɔ̃tabl]
reclame (de)	publicité (f), pub (f)	[pyblisite], [pyb]

reclamebureau (het)	agence (f) publicitaire	[aʒɑ̃s pyblisitɛr]
airconditioning (de)	climatisation (m)	[klimatizasjɔ̃]
luchtvaartmaatschappij (de)	compagnie (f) aérienne	[kɔ̃paɲi aerjɛn]
alcoholische dranken (mv.)	boissons (f pl) alcoolisées	[bwasɔ̃ alkɔlize]
antiek (het)	antiquités (f pl)	[ɑ̃tikite]
kunstgalerie (de)	galerie (f) d'art	[galri dar]
audit diensten (mv.)	services (m pl) d'audition	[sɛrvis dodisjɔ̃]
banken (mv.)	banques (f pl)	[bɑ̃k]
bar (de)	bar (m)	[bar]
schoonheidssalon (de/het)	salon (m) de beauté	[salɔ̃ də bote]
boekhandel (de)	librairie (f)	[librɛri]
bierbrouwerij (de)	brasserie (f)	[brasri]
zakencentrum (het)	centre (m) d'affaires	[sɑ̃tr dafɛr]
business school (de)	école (f) de commerce	[ekɔl də kɔmɛrs]
casino (het)	casino (m)	[kazino]
bouwbedrijven (mv.)	bâtiment (m)	[batimɑ̃]
adviesbureau (het)	conseil (m)	[kɔ̃sɛj]
tandheelkunde (de)	dentistes (pl)	[dɑ̃tists]
design (het)	design (m)	[dizajn]
apotheek (de)	pharmacie (f)	[farmasi]
stomerij (de)	pressing (m)	[presiŋ]
uitzendbureau (het)	agence (f) de recrutement	[aʒɑ̃s də rəkrytmɑ̃]
financiële diensten (mv.)	service (m) financier	[sɛrvis finɑ̃sje]
voedingswaren (mv.)	produits (m pl) alimentaires	[prɔdyi alimɑ̃tɛr]
uitvaartcentrum (het)	maison (f) funéraire	[mɛzɔ̃ fynerɛr]
meubilair (het)	meubles (m pl)	[mœbl]
kleding (de)	vêtement (m)	[vɛtmɑ̃]
hotel (het)	hôtel (m)	[otɛl]
IJsje (het)	glace (f)	[glas]
industrie (de)	industrie (f)	[ɛ̃dystri]
verzekering (de)	assurance (f)	[asyrɑ̃s]
Internet (het)	Internet (m)	[ɛ̃tɛrnɛt]
investeringen (mv.)	investissements (m pl)	[ɛ̃vɛstismɑ̃]
juwelier (de)	bijoutier (m)	[biʒutje]
juwelen (mv.)	bijouterie (f)	[biʒutri]
wasserette (de)	blanchisserie (f)	[blɑ̃ʃisri]
juridische diensten (mv.)	service (m) juridique	[sɛrvis ʒyridik]
lichte industrie (de)	industrie (f) légère	[ɛ̃dystri leʒɛr]
tijdschrift (het)	revue (f)	[rəvy]
postorderbedrijven (mv.)	vente (f) par catalogue	[vɑ̃t par katalɔg]
medicijnen (mv.)	médecine (f)	[medsin]
bioscoop (de)	cinema (m)	[sinema]
museum (het)	musée (m)	[myze]
persbureau (het)	agence (f) d'information	[aʒɑ̃s dɛ̃fɔrmasjɔ̃]
krant (de)	journal (m)	[ʒurnal]
nachtclub (de)	boîte (f) de nuit	[bwat də nɥi]
olie (aardolie)	pétrole (m)	[petrɔl]

koerierdienst (de)	coursiers (m pl)	[kursje]
geneesmiddelen (mv.)	industrie (f) pharmaceutique	[ɛ̃dystri farmasøtik]
drukkerij (de)	imprimerie (f)	[ɛ̃primri]
uitgeverij (de)	maison (f) d'édition	[mɛzɔ̃ dedisjɔ̃]
radio (de)	radio (f)	[radjo]
vastgoed (het)	immobilier (m)	[imɔbilje, -ɛr]
restaurant (het)	restaurant (m)	[rɛstɔrɑ̃]
bewakingsfirma (de)	agence (f) de sécurité	[aʒɑ̃s də sekyrite]
sport (de)	sport (m)	[spɔr]
handelsbeurs (de)	bourse (f)	[burs]
winkel (de)	magasin (m)	[magazɛ̃]
supermarkt (de)	supermarché (m)	[sypɛrmarʃe]
zwembad (het)	piscine (f)	[pisin]
naaiatelier (het)	atelier (m) de couture	[atəlje də kutyr]
televisie (de)	télévision (f)	[televizjɔ̃]
theater (het)	théâtre (m)	[teɑtr]
handel (de)	commerce (m)	[kɔmɛrs]
transport (het)	sociétés de transport	[sɔsjete trɑ̃spɔr]
toerisme (het)	tourisme (m)	[turism]
dierenarts (de)	vétérinaire (m)	[veterinɛr]
magazijn (het)	entrepôt (m)	[ɑ̃trəpo]
afvalinzameling (de)	récupération (f) des déchets	[rekyperasjɔ̃ də deʃɛ]

Baan. Business. Deel 2

83. Show. Tentoonstelling

beurs (de)	salon (m)	[salɔ̃]
vakbeurs, handelsbeurs (de)	salon (m) commercial	[salɔ̃ kɔmɛrsjal]
deelneming (de)	participation (f)	[partisipɑsjɔ̃]
deelnemen (ww)	participer à ...	[partisipe a]
deelnemer (de)	participant (m)	[partisipɑ̃]
directeur (de)	directeur (m)	[dirɛktœr]
organisatiecomité (het)	direction (f)	[dirɛksjɔ̃]
organisator (de)	organisateur (m)	[ɔrganizatœr]
organiseren (ww)	organiser (vt)	[ɔrganize]
deelnemingsaanvraag (de)	demande (f) de participation	[dəmɑ̃d də partisipɑsjɔ̃]
invullen (een formulier ~)	remplir (vt)	[rɑ̃plir]
details (mv.)	détails (m pl)	[detaj]
informatie (de)	information (f)	[ɛ̃fɔrmɑsjɔ̃]
prijs (de)	prix (m)	[pri]
inclusief (bijv. ~ BTW)	y compris	[i kɔ̃pri]
inbegrepen (alles ~)	inclure (vt)	[ɛ̃klyr]
betalen (ww)	payer (vi, vt)	[peje]
registratietarief (het)	droits (m pl) d'inscription	[drwa dɛ̃skripsjɔ̃]
ingang (de)	entrée (f)	[ɑ̃tre]
paviljoen (het), hal (de)	pavillon (m)	[pavijɔ̃]
registreren (ww)	enregistrer (vt)	[ɑ̃rəʒistre]
badge, kaart (de)	badge (m)	[badʒ]
beursstand (de)	stand (m)	[stɑ̃d]
reserveren (een stand ~)	réserver (vt)	[rezɛrve]
vitrine (de)	vitrine (f)	[vitrin]
licht (het)	lampe (f)	[lɑ̃p]
design (het)	design (m)	[dizajn]
plaatsen (ww)	mettre, placer	[mɛtr], [plase]
geplaatst zijn (ww)	être placé	[ɛtr plase]
distributeur (de)	distributeur (m)	[distribytœr]
leverancier (de)	fournisseur (m)	[furnisœr]
leveren (ww)	fournir (vt)	[furnir]
land (het)	pays (m)	[pei]
buitenlands (bn)	étranger (adj)	[etrɑ̃ʒe]
product (het)	produit (m)	[prɔdyi]
associatie (de)	association (f)	[asɔsjɑsjɔ̃]

conferentiezaal (de)	salle (f) de conférences	[sal də kɔ̃ferɑ̃s]
congres (het)	congrès (m)	[kɔ̃grɛ]
wedstrijd (de)	concours (m)	[kɔ̃kur]

bezoeker (de)	visiteur (m)	[vizitœr]
bezoeken (ww)	visiter (vt)	[vizite]
afnemer (de)	client (m)	[klijɑ̃]

84. Wetenschap. Onderzoek. Wetenschappers

wetenschap (de)	science (f)	[sjɑ̃s]
wetenschappelijk (bn)	scientifique (adj)	[sjɑ̃tifik]
wetenschapper (de)	savant (m)	[savɑ̃]
theorie (de)	théorie (f)	[teɔri]

axioma (het)	axiome (m)	[aksjom]
analyse (de)	analyse (f)	[analiz]
analyseren (ww)	analyser (vt)	[analize]
argument (het)	argument (m)	[argymɑ̃]
substantie (de)	substance (f)	[sypstɑ̃s]

hypothese (de)	hypothèse (f)	[ipotɛz]
dilemma (het)	dilemme (m)	[dilɛm]
dissertatie (de)	thèse (f)	[tɛz]
dogma (het)	dogme (m)	[dɔgm]

doctrine (de)	doctrine (f)	[dɔktrin]
onderzoek (het)	recherche (f)	[rəʃɛrʃ]
onderzoeken (ww)	rechercher (vt)	[rəʃɛrʃe]
toetsing (de)	test (m)	[tɛst]
laboratorium (het)	laboratoire (m)	[labɔratwar]

methode (de)	méthode (f)	[metɔd]
molecule (de/het)	molécule (f)	[mɔlekyl]
monitoring (de)	monitoring (m)	[mɔnitɔriŋ]
ontdekking (de)	découverte (f)	[dekuvɛrt]

postulaat (het)	postulat (m)	[pɔstyla]
principe (het)	principe (m)	[prɛ̃sip]
voorspelling (de)	prévision (f)	[previzjɔ̃]
een prognose maken	prévoir (vt)	[prevwar]

synthese (de)	synthèse (f)	[sɛ̃tɛz]
tendentie (de)	tendance (f)	[tɑ̃dɑ̃s]
theorema (het)	théorème (m)	[teɔrɛm]

leerstellingen (mv.)	enseignements (m pl)	[ɑ̃sɛɲmɑ̃]
feit (het)	fait (m)	[fɛ]
expeditie (de)	expédition (f)	[ɛkspedisjɔ̃]
experiment (het)	expérience (f)	[ɛksperjɑ̃s]

academicus (de)	académicien (m)	[akademisjɛ̃]
bachelor (bijv. BA, LLB)	bachelier (m)	[baʃəlje]
doctor (de)	docteur (m)	[dɔktœr]

universitair docent (de)	chargé (m) de cours	[ʃarʒe də kur]
master, magister (de)	magistère (m)	[maʒistɛr]
professor (de)	professeur (m)	[prɔfɛsœr]

Beroepen en ambachten

85. Zoeken naar werk. Ontslag

baan (de)	travail (m)	[travaj]
werknemers (mv.)	employés (pl)	[ãplwaje]
personeel (het)	personnel (m)	[pɛrsɔnɛl]
carrière (de)	carrière (f)	[karjɛr]
vooruitzichten (mv.)	perspective (f)	[pɛrspɛktiv]
meesterschap (het)	maîtrise (f)	[metriz]
keuze (de)	sélection (f)	[selɛksjɔ̃]
uitzendbureau (het)	agence (f) de recrutement	[aʒɑ̃s də rəkrytmɑ̃]
CV, curriculum vitae (het)	C.V. (m)	[seve]
sollicitatiegesprek (het)	entretien (m)	[ɑ̃trətjɛ̃]
vacature (de)	emploi (m) vacant	[ãplwa vakɑ̃]
salaris (het)	salaire (m)	[salɛr]
vaste salaris (het)	salaire (m) fixe	[salɛr fiks]
loon (het)	rémunération (f)	[remynerasjɔ̃]
betrekking (de)	poste (m)	[pɔst]
taak, plicht (de)	fonction (f)	[fɔ̃ksjɔ̃]
takenpakket (het)	liste (f) des fonctions	[list de fɔ̃ksjɔ̃]
bezig (~ zijn)	occupé (adj)	[ɔkype]
ontslagen (ww)	licencier (vt)	[lisɑ̃sje]
ontslag (het)	licenciement (m)	[lisɑ̃simɑ̃]
werkloosheid (de)	chômage (m)	[ʃomaʒ]
werkloze (de)	chômeur (m)	[ʃomœr]
pensioen (het)	retraite (f)	[rətrɛt]
met pensioen gaan	prendre sa retraite	[prɑ̃dr sa rətrɛt]

86. Zakenmensen

directeur (de)	directeur (m)	[dirɛktœr]
beheerder (de)	gérant (m)	[ʒerɑ̃]
hoofd (het)	patron (m)	[patrɔ̃]
baas (de)	supérieur (m)	[syperjœr]
superieuren (mv.)	supérieurs (m pl)	[syperjœr]
president (de)	président (m)	[prezidɑ̃]
voorzitter (de)	président (m)	[prezidɑ̃]
adjunct (de)	adjoint (m)	[adʒwɛ̃]
assistent (de)	assistant (m)	[asistɑ̃]

secretaris (de)	secrétaire (m, f)	[səkretɛr]
persoonlijke assistent (de)	secrétaire (m, f) personnel	[səkretɛr pɛrsɔnɛl]
zakenman (de)	homme (m) d'affaires	[ɔm dafɛr]
ondernemer (de)	entrepreneur (m)	[ɑ̃trəprənœr]
oprichter (de)	fondateur (m)	[fɔ̃datœr]
oprichten	fonder (vt)	[fɔ̃de]
(een nieuw bedrijf ~)		
stichter (de)	fondateur (m)	[fɔ̃datœr]
partner (de)	partenaire (m)	[partənɛr]
aandeelhouder (de)	actionnaire (m)	[aksjɔnɛr]
miljonair (de)	millionnaire (m)	[miljɔnɛr]
miljardair (de)	milliardaire (m)	[miljardɛr]
eigenaar (de)	propriétaire (m)	[prɔprijetɛr]
landeigenaar (de)	propriétaire (m) foncier	[prɔprijetɛr fɔ̃sje]
klant (de)	client (m)	[klijɑ̃]
vaste klant (de)	client (m) régulier	[klijɑ̃ regylje]
koper (de)	acheteur (m)	[aʃtœr]
bezoeker (de)	visiteur (m)	[vizitœr]
professioneel (de)	professionnel (m)	[prɔfɛsjɔnɛl]
expert (de)	expert (m)	[ɛkspɛr]
specialist (de)	spécialiste (m)	[spesjalist]
bankier (de)	banquier (m)	[bɑ̃kje]
makelaar (de)	courtier (m)	[kurtje]
kassier (de)	caissier (m)	[kesje]
boekhouder (de)	comptable (m)	[kɔ̃tabl]
bewaker (de)	agent (m) de sécurité	[aʒɑ̃ də sekyrite]
investeerder (de)	investisseur (m)	[ɛ̃vɛstisœr]
schuldenaar (de)	débiteur (m)	[debitœr]
crediteur (de)	créancier (m)	[kreɑ̃sje]
lener (de)	emprunteur (m)	[ɑ̃prœ̃tœr]
importeur (de)	importateur (m)	[ɛ̃pɔrtatœr]
exporteur (de)	exportateur (m)	[ɛkspɔrtatœr]
producent (de)	producteur (m)	[prɔdyktœr]
distributeur (de)	distributeur (m)	[distribytœr]
bemiddelaar (de)	intermédiaire (m)	[ɛ̃tɛrmedjɛr]
adviseur, consulent (de)	conseiller (m)	[kɔ̃seje]
vertegenwoordiger (de)	représentant (m)	[rəprezɑ̃tɑ̃]
agent (de)	agent (m)	[aʒɑ̃]
verzekeringsagent (de)	agent (m) d'assurances	[aʒɑ̃ dasyrɑ̃s]

87. Dienstverlenende beroepen

kok (de)	cuisinier (m)	[kɥizinje]
chef-kok (de)	cuisinier (m) en chef	[kɥizinje ɑ̃ ʃɛf]

bakker (de)	boulanger (m)	[bulɑ̃ʒe]
barman (de)	barman (m)	[barman]
kelner, ober (de)	serveur (m)	[sɛrvœr]
serveerster (de)	serveuse (f)	[sɛrvøz]
advocaat (de)	avocat (m)	[avɔka]
jurist (de)	juriste (m)	[ʒyrist]
notaris (de)	notaire (m)	[nɔtɛr]
elektricien (de)	électricien (m)	[elɛktrisjɛ̃]
loodgieter (de)	plombier (m)	[plɔ̃bje]
timmerman (de)	charpentier (m)	[ʃarpɑ̃tje]
masseur (de)	masseur (m)	[masœr]
masseuse (de)	masseuse (f)	[masøz]
dokter, arts (de)	médecin (m)	[medsɛ̃]
taxichauffeur (de)	chauffeur (m) de taxi	[ʃofœr də taksi]
chauffeur (de)	chauffeur (m)	[ʃofœr]
koerier (de)	livreur (m)	[livrœr]
kamermeisje (het)	femme (f) de chambre	[fam də ʃɑ̃br]
bewaker (de)	agent (m) de sécurité	[aʒɑ̃ də sekyrite]
stewardess (de)	hôtesse (f) de l'air	[otɛs də lɛr]
meester (de)	professeur (m)	[prɔfɛsœr]
bibliothecaris (de)	bibliothécaire (m)	[biblijotekɛr]
vertaler (de)	traducteur (m)	[tradyktœr]
tolk (de)	interprète (m)	[ɛ̃tɛrprɛt]
gids (de)	guide (m)	[gid]
kapper (de)	coiffeur (m)	[kwafœr]
postbode (de)	facteur (m)	[faktœr]
verkoper (de)	vendeur (m)	[vɑ̃dœr]
tuinman (de)	jardinier (m)	[ʒardinje]
huisbediende (de)	serviteur (m)	[sɛrvitœr]
dienstmeisje (het)	servante (f)	[sɛrvɑ̃t]
schoonmaakster (de)	femme (f) de ménage	[fam də menaʒ]

88. Militaire beroepen en rangen

soldaat (rang)	soldat (m)	[sɔlda]
sergeant (de)	sergent (m)	[sɛrʒɑ̃]
luitenant (de)	lieutenant (m)	[ljøtnɑ̃]
kapitein (de)	capitaine (m)	[kapitɛn]
majoor (de)	commandant (m)	[kɔmɑ̃dɑ̃]
kolonel (de)	colonel (m)	[kɔlɔnɛl]
generaal (de)	général (m)	[ʒeneral]
maarschalk (de)	maréchal (m)	[mareʃal]
admiraal (de)	amiral (m)	[amiral]
militair (de)	militaire (m)	[militɛr]
soldaat (de)	soldat (m)	[sɔlda]

officier (de)   officier (m)   [ɔfisje]
commandant (de)   commandant (m)   [kɔmɑ̃dɑ̃]

grenswachter (de)   garde-frontière (m)   [gardəfrõtjɛr]
marconist (de)   opérateur (m) radio   [ɔperatœr radjo]
verkenner (de)   éclaireur (m)   [eklɛrœr]
sappeur (de)   démineur (m)   [deminœr]
schutter (de)   tireur (m)   [tirœr]
stuurman (de)   navigateur (m)   [navigatœr]

89. Ambtenaren. Priesters

koning (de)   roi (m)   [rwa]
koningin (de)   reine (f)   [rɛn]

prins (de)   prince (m)   [prɛ̃s]
prinses (de)   princesse (f)   [prɛ̃sɛs]

tsaar (de)   tsar (m)   [tsar]
tsarina (de)   tsarine (f)   [tsarin]

president (de)   président (m)   [prezidɑ̃]
minister (de)   ministre (m)   [ministr]
eerste minister (de)   premier ministre (m)   [prəmje ministɛr]
senator (de)   sénateur (m)   [senatœr]

diplomaat (de)   diplomate (m)   [diplɔmat]
consul (de)   consul (m)   [kɔ̃syl]
ambassadeur (de)   ambassadeur (m)   [ɑ̃basadœr]
adviseur (de)   conseiller (m)   [kɔ̃seje]

ambtenaar (de)   fonctionnaire (m)   [fɔ̃ksjɔnɛr]
prefect (de)   préfet (m)   [prefɛ]
burgemeester (de)   maire (m)   [mɛr]

rechter (de)   juge (m)   [ʒyʒ]
aanklager (de)   procureur (m)   [prɔkyrœr]

missionaris (de)   missionnaire (m)   [misjɔnɛr]
monnik (de)   moine (m)   [mwan]
abt (de)   abbé (m)   [abe]
rabbi, rabbijn (de)   rabbin (m)   [rabɛ̃]

vizier (de)   vizir (m)   [vizir]
sjah (de)   shah (m)   [ʃa]
sjeik (de)   cheik (m)   [ʃɛjk]

90. Agrarische beroepen

imker (de)   apiculteur (m)   [apikyltœr]
herder (de)   berger (m)   [bɛrʒe]
landbouwkundige (de)   agronome (m)   [agrɔnɔm]

veehouder (de)	éleveur (m)	[elvœr]
dierenarts (de)	vétérinaire (m)	[veterinɛr]
landbouwer (de)	fermier (m)	[fɛrmje]
wijnmaker (de)	vinificateur (m)	[vinifikatœr]
zoöloog (de)	zoologiste (m)	[zɔɔlɔʒist]
cowboy (de)	cow-boy (m)	[kɔbɔj]

91. Kunst beroepen

acteur (de)	acteur (m)	[aktœr]
actrice (de)	actrice (f)	[aktris]
zanger (de)	chanteur (m)	[ʃɑ̃tœr]
zangeres (de)	cantatrice (f)	[kɑ̃tatris]
danser (de)	danseur (m)	[dɑ̃sœr]
danseres (de)	danseuse (f)	[dɑ̃søz]
artiest (mann.)	artiste (m)	[artist]
artiest (vrouw.)	artiste (f)	[artist]
muzikant (de)	musicien (m)	[myzisjɛ̃]
pianist (de)	pianiste (m)	[pjanist]
gitarist (de)	guitariste (m)	[gitarist]
orkestdirigent (de)	chef (m) d'orchestre	[ʃɛf dɔrkɛstr]
componist (de)	compositeur (m)	[kɔ̃pozitœr]
impresario (de)	imprésario (m)	[ɛ̃presarjo]
filmregisseur (de)	metteur (m) en scène	[mɛtœr ɑ̃ sɛn]
filmproducent (de)	producteur (m)	[prɔdyktœr]
scenarioschrijver (de)	scénariste (m)	[senarist]
criticus (de)	critique (m)	[kritik]
schrijver (de)	écrivain (m)	[ekrivɛ̃]
dichter (de)	poète (m)	[pɔɛt]
beeldhouwer (de)	sculpteur (m)	[skyltœr]
kunstenaar (de)	peintre (m)	[pɛ̃tr]
jongleur (de)	jongleur (m)	[ʒɔ̃glœr]
clown (de)	clown (m)	[klun]
acrobaat (de)	acrobate (m)	[akrɔbat]
goochelaar (de)	magicien (m)	[maʒisjɛ̃]

92. Verschillende beroepen

dokter, arts (de)	médecin (m)	[medsɛ̃]
ziekenzuster (de)	infirmière (f)	[ɛ̃firmjɛr]
psychiater (de)	psychiatre (m)	[psikjatr]
tandarts (de)	stomatologue (m)	[stɔmatɔlɔg]
chirurg (de)	chirurgien (m)	[ʃiryrʒjɛ̃]

astronaut (de)	astronaute (m)	[astronot]
astronoom (de)	astronome (m)	[astronom]
piloot (de)	pilote (m)	[pilot]

chauffeur (de)	chauffeur (m)	[ʃofœr]
machinist (de)	conducteur (m) de train	[kɔ̃dyktœr də trɛ̃]
mecanicien (de)	mécanicien (m)	[mekanisjɛ̃]

mijnwerker (de)	mineur (m)	[minœr]
arbeider (de)	ouvrier (m)	[uvrije]
bankwerker (de)	serrurier (m)	[seryrje]
houtbewerker (de)	menuisier (m)	[mənɥizje]
draaier (de)	tourneur (m)	[turnœr]
bouwvakker (de)	ouvrier (m) du bâtiment	[uvrije dy batimɑ̃]
lasser (de)	soudeur (m)	[sudœr]

professor (de)	professeur (m)	[prɔfɛsœr]
architect (de)	architecte (m)	[arʃitɛkt]
historicus (de)	historien (m)	[istɔrjɛ̃]
wetenschapper (de)	savant (m)	[savɑ̃]
fysicus (de)	physicien (m)	[fizisjɛ̃]
scheikundige (de)	chimiste (m)	[ʃimist]

archeoloog (de)	archéologue (m)	[arkeolɔg]
geoloog (de)	géologue (m)	[ʒeolɔg]
onderzoeker (de)	chercheur (m)	[ʃɛrʃœr]

babysitter (de)	baby-sitter (m, f)	[bebisitœr]
leraar, pedagoog (de)	pédagogue (m, f)	[pedagɔg]

redacteur (de)	rédacteur (m)	[redaktœr]
chef-redacteur (de)	rédacteur (m) en chef	[redaktœr ɑ̃ ʃɛf]
correspondent (de)	correspondant (m)	[kɔrɛspɔ̃dɑ̃]
typiste (de)	dactylographe (f)	[daktilɔgraf]

designer (de)	designer (m)	[dizajnœr]
computerexpert (de)	informaticien (m)	[ɛ̃fɔrmatisjɛ̃]
programmeur (de)	programmeur (m)	[prɔgramœr]
ingenieur (de)	ingénieur (m)	[ɛ̃ʒenjœr]

matroos (de)	marin (m)	[marɛ̃]
zeeman (de)	matelot (m)	[matlo]
redder (de)	secouriste (m)	[səkurist]

brandweerman (de)	pompier (m)	[pɔ̃pje]
politieagent (de)	policier (m)	[polisje]
nachtwaker (de)	veilleur (m) de nuit	[vejœr də nɥi]
detective (de)	détective (m)	[detɛktiv]

douanier (de)	douanier (m)	[dwanje]
lijfwacht (de)	garde (m) du corps	[gard dy kɔr]
gevangenisbewaker (de)	gardien (m) de prison	[gardjɛ̃ də prizɔ̃]
inspecteur (de)	inspecteur (m)	[ɛ̃spɛktœr]

sportman (de)	sportif (m)	[spɔrtif]
trainer (de)	entraîneur (m)	[ɑ̃trɛnœr]

slager, beenhouwer (de)	boucher (m)	[buʃe]
schoenlapper (de)	cordonnier (m)	[kɔrdɔnje]
handelaar (de)	commerçant (m)	[kɔmɛrsɑ̃]
lader (de)	chargeur (m)	[ʃarʒœr]

| kledingstilist (de) | couturier (m) | [kutyrje] |
| model (het) | modèle (f) | [mɔdɛl] |

93. Beroepen. Sociale status

| scholier (de) | écolier (m) | [ekɔlje] |
| student (de) | étudiant (m) | [etydjɑ̃] |

filosoof (de)	philosophe (m)	[filɔzɔf]
econoom (de)	économiste (m)	[ekɔnɔmist]
uitvinder (de)	inventeur (m)	[ɛ̃vɑ̃tœr]

werkloze (de)	chômeur (m)	[ʃomœr]
gepensioneerde (de)	retraité (m)	[rətrɛte]
spion (de)	espion (m)	[ɛspjɔ̃]

gedetineerde (de)	prisonnier (m)	[prizɔnje]
staker (de)	gréviste (m)	[grevist]
bureaucraat (de)	bureaucrate (m)	[byrokrat]
reiziger (de)	voyageur (m)	[vwajaʒœr]

homoseksueel (de)	homosexuel (m)	[ɔmɔsɛksɥɛl]
hacker (computerkraker)	hacker (m)	[ake:r]
hippie (de)	hippie (m, f)	[ipi]

bandiet (de)	bandit (m)	[bɑ̃di]
huurmoordenaar (de)	tueur (m) à gages	[tɥœr ɑ gaʒ]
drugsverslaafde (de)	drogué (m)	[drɔge]
drugshandelaar (de)	trafiquant (m) de drogue	[trafikɑ̃ də drɔg]
prostituee (de)	prostituée (f)	[prɔstitɥe]
pooier (de)	souteneur (m)	[sutnœr]

tovenaar (de)	sorcier (m)	[sɔrsje]
tovenares (de)	sorcière (f)	[sɔrsjɛr]
piraat (de)	pirate (m)	[pirat]
slaaf (de)	esclave (m)	[ɛsklav]
samoerai (de)	samouraï (m)	[samuraj]
wilde (de)	sauvage (m)	[sovaʒ]

Onderwijs

94. School

school (de)	école (f)	[ekɔl]
schooldirecteur (de)	directeur (m) d'école	[dirɛktœr dekɔl]
leerling (de)	élève (m)	[elɛv]
leerlinge (de)	élève (f)	[elɛv]
scholier (de)	écolier (m)	[ekɔlje]
scholiere (de)	écolière (f)	[ekɔljɛr]
leren (lesgeven)	enseigner (vt)	[ɑ̃seɲe]
studeren (bijv. een taal ~)	apprendre (vt)	[aprɑ̃dr]
van buiten leren	apprendre par cœur	[aprɑ̃dr par kœr]
leren (bijv. ~ tellen)	apprendre (vi)	[aprɑ̃dr]
in school zijn (schooljongen zijn)	être étudiant, -e	[ɛtr etydjɑ̃, -ɑ̃t]
naar school gaan	aller à l'école	[ale a lekɔl]
alfabet (het)	alphabet (m)	[alfabɛ]
vak (schoolvak)	matière (f)	[matjɛr]
klaslokaal (het)	salle (f) de classe	[sal də klas]
les (de)	leçon (f)	[ləsɔ̃]
pauze (de)	récréation (f)	[rekreasjɔ̃]
bel (de)	sonnerie (f)	[sɔnri]
schooltafel (de)	pupitre (m)	[pypitr]
schoolbord (het)	tableau (m)	[tablo]
cijfer (het)	note (f)	[nɔt]
goed cijfer (het)	bonne note (f)	[bɔnnɔt]
slecht cijfer (het)	mauvaise note (f)	[movɛz nɔt]
een cijfer geven	donner une note	[dɔne yn nɔt]
fout (de)	faute (f)	[fot]
fouten maken	faire des fautes	[fɛr de fot]
corrigeren (fouten ~)	corriger (vt)	[kɔriʒe]
spiekbriefje (het)	antisèche (f)	[ɑ̃tisɛʃ]
huiswerk (het)	devoir (m)	[dəvwar]
oefening (de)	exercice (m)	[ɛgzɛrsis]
aanwezig zijn (ww)	être présent	[ɛtr prezɑ̃]
absent zijn (ww)	être absent	[ɛtr apsɑ̃]
school verzuimen	manquer l'école	[mɑ̃ke lekɔl]
bestraffen (een stout kind ~)	punir (vt)	[pynir]
bestraffing (de)	punition (f)	[pynisjɔ̃]

gedrag (het)	conduite (f)	[kɔ̃dɥit]
cijferlijst (de)	carnet (m) de notes	[karnɛ də nɔt]
potlood (het)	crayon (m)	[krɛjɔ̃]
gom (de)	gomme (f)	[gɔm]
krijt (het)	craie (f)	[krɛ]
pennendoos (de)	plumier (m)	[plymje]
boekentas (de)	cartable (m)	[kartabl]
pen (de)	stylo (m)	[stilo]
schrift (de)	cahier (m)	[kaje]
leerboek (het)	manuel (m)	[manɥɛl]
passer (de)	compas (m)	[kɔ̃pa]
technisch tekenen (ww)	dessiner (vt)	[desine]
technische tekening (de)	dessin (m) technique	[desɛ̃ tɛknik]
gedicht (het)	poésie (f)	[pɔezi]
van buiten (bw)	par cœur (adv)	[par kœr]
van buiten leren	apprendre par cœur	[aprɑ̃dr par kœr]
vakantie (de)	vacances (f pl)	[vakɑ̃s]
met vakantie zijn	être en vacances	[ɛtr ɑ̃ vakɑ̃s]
vakantie doorbrengen	passer les vacances	[pɑse le vakɑ̃s]
toets (schriftelijke ~)	interrogation (f) écrite	[ɛ̃tɛrɔgasjɔ̃ ekrit]
opstel (het)	composition (f)	[kɔ̃pozisjɔ̃]
dictee (het)	dictée (f)	[dikte]
examen (het)	examen (m)	[ɛgzamɛ̃]
examen afleggen	passer les examens	[pɑse lezɛgzamɛ̃]
experiment (het)	expérience (f)	[ɛksperjɑ̃s]

95. Hogeschool. Universiteit

academie (de)	académie (f)	[akademi]
universiteit (de)	université (f)	[ynivɛrsite]
faculteit (de)	faculté (f)	[fakylte]
student (de)	étudiant (m)	[etydjɑ̃]
studente (de)	étudiante (f)	[etydjɑ̃t]
leraar (de)	enseignant (m)	[ɑ̃sɛɲɑ̃]
collegezaal (de)	salle (f)	[sal]
afgestudeerde (de)	licencié (m)	[lisɑ̃sje]
diploma (het)	diplôme (m)	[diplom]
dissertatie (de)	thèse (f)	[tɛz]
onderzoek (het)	étude (f)	[etyd]
laboratorium (het)	laboratoire (m)	[labɔratwar]
college (het)	cours (m)	[kur]
medestudent (de)	camarade (m) de cours	[kamarad də kur]
studiebeurs (de)	bourse (f)	[burs]
academische graad (de)	grade (m) universitaire	[grad ynivɛrsitɛr]

96. Wetenschappen. Disciplines

wiskunde (de)	mathématiques (f pl)	[matematik]
algebra (de)	algèbre (f)	[alʒɛbr]
meetkunde (de)	géométrie (f)	[ʒeɔmetri]
astronomie (de)	astronomie (f)	[astrɔnɔmi]
biologie (de)	biologie (f)	[bjɔlɔʒi]
geografie (de)	géographie (f)	[ʒeɔgrafi]
geologie (de)	géologie (f)	[ʒeɔlɔʒi]
geschiedenis (de)	histoire (f)	[istwar]
geneeskunde (de)	médecine (f)	[medsin]
pedagogiek (de)	pédagogie (f)	[pedagɔʒi]
rechten (mv.)	droit (m)	[drwa]
fysica, natuurkunde (de)	physique (f)	[fizik]
scheikunde (de)	chimie (f)	[ʃimi]
filosofie (de)	philosophie (f)	[filɔzɔfi]
psychologie (de)	psychologie (f)	[psikɔlɔʒi]

97. Schrift. Spelling

grammatica (de)	grammaire (f)	[gramɛr]
vocabulaire (het)	vocabulaire (m)	[vɔkabylɛr]
fonetiek (de)	phonétique (f)	[fɔnetik]
zelfstandig naamwoord (het)	nom (m)	[nõ]
bijvoeglijk naamwoord (het)	adjectif (m)	[adʒɛktif]
werkwoord (het)	verbe (m)	[vɛrb]
bijwoord (het)	adverbe (m)	[advɛrb]
voornaamwoord (het)	pronom (m)	[prɔnõ]
tussenwerpsel (het)	interjection (f)	[ɛ̃tɛrʒɛksjõ]
voorzetsel (het)	préposition (f)	[prepozisjõ]
stam (de)	racine (f)	[rasin]
achtervoegsel (het)	terminaison (f)	[tɛrminɛzõ]
voorvoegsel (het)	préfixe (m)	[prefiks]
lettergreep (de)	syllabe (f)	[silab]
achtervoegsel (het)	suffixe (m)	[syfiks]
nadruk (de)	accent (m) tonique	[aksã tɔnik]
afkappingsteken (het)	apostrophe (f)	[apɔstrɔf]
punt (de)	point (m)	[pwɛ̃]
komma (de/het)	virgule (f)	[virgyl]
puntkomma (de)	point (m) virgule	[pwɛ̃ virgyl]
dubbelpunt (de)	deux-points (m)	[døpwɛ̃]
beletselteken (het)	points (m pl) de suspension	[pwɛ̃ də syspãsjõ]
vraagteken (het)	point (m) d'interrogation	[pwɛ̃ dɛ̃terɔgasjõ]
uitroepteken (het)	point (m) d'exclamation	[pwɛ̃ dɛksklamasjõ]

aanhalingstekens (mv.)	guillemets (m pl)	[gijmɛ]
tussen aanhalingstekens (bw)	entre guillemets	[ɑ̃tr gijmɛ]
haakjes (mv.)	parenthèses (f pl)	[parɑ̃tɛz]
tussen haakjes (bw)	entre parenthèses	[ɑ̃tr parɑ̃tɛz]

streepje (het)	trait (m) d'union	[trɛ dynjɔ̃]
gedachtestreepje (het)	tiret (m)	[tire]
spatie (~ tussen twee woorden)	blanc (m)	[blɑ̃]

letter (de)	lettre (f)	[lɛtr]
hoofdletter (de)	majuscule (f)	[maʒyskyl]

klinker (de)	voyelle (f)	[vwajɛl]
medeklinker (de)	consonne (f)	[kɔ̃sɔn]

zin (de)	proposition (f)	[prɔpozisjɔ̃]
onderwerp (het)	sujet (m)	[syʒɛ]
gezegde (het)	prédicat (m)	[predika]

regel (in een tekst)	ligne (f)	[liɲ]
op een nieuwe regel (bw)	à la ligne	[alaliɲ]
alinea (de)	paragraphe (m)	[paragraf]

woord (het)	mot (m)	[mo]
woordgroep (de)	groupe (m) de mots	[grup də mo]
uitdrukking (de)	expression (f)	[ɛkspresjɔ̃]
synoniem (het)	synonyme (m)	[sinɔnim]
antoniem (het)	antonyme (m)	[ɑ̃tɔnim]

regel (de)	règle (f)	[rɛgl]
uitzondering (de)	exception (f)	[ɛksɛpsjɔ̃]
correct (bijv. ~e spelling)	correct (adj)	[kɔrɛkt]

vervoeging, conjugatie (de)	conjugaison (f)	[kɔ̃ʒygɛzɔ̃]
verbuiging, declinatie (de)	déclinaison (f)	[deklinɛzɔ̃]
naamval (de)	cas (m)	[ka]
vraag (de)	question (f)	[kɛstjɔ̃]
onderstrepen (ww)	souligner (vt)	[suliɲe]
stippellijn (de)	pointillé (m)	[pwɛ̃tije]

98. Vreemde talen

taal (de)	langue (f)	[lɑ̃g]
vreemde taal (de)	langue (f) étrangère	[lɑ̃g etrɑ̃ʒɛr]
leren (bijv. van buiten ~)	étudier (vt)	[etydje]
studeren (Nederlands ~)	apprendre (vt)	[aprɑ̃dr]

lezen (ww)	lire (vi, vt)	[lir]
spreken (ww)	parler (vi)	[parle]
begrijpen (ww)	comprendre (vt)	[kɔ̃prɑ̃dr]
schrijven (ww)	écrire (vt)	[ekrir]
snel (bw)	vite (adv)	[vit]
langzaam (bw)	lentement (adv)	[lɑ̃tmɑ̃]

vloeiend (bw)	couramment (adv)	[kuramã]
regels (mv.)	règles (f pl)	[rɛgl]
grammatica (de)	grammaire (f)	[gramɛr]
vocabulaire (het)	vocabulaire (m)	[vɔkabylɛr]
fonetiek (de)	phonétique (f)	[fɔnetik]
leerboek (het)	manuel (m)	[manɥɛl]
woordenboek (het)	dictionnaire (m)	[diksjɔnɛr]
leerboek (het) voor zelfstudie	manuel (m) autodidacte	[manɥɛl otodidakt]
taalgids (de)	guide (m) de conversation	[gid də kɔ̃vɛrsasjɔ̃]
cassette (de)	cassette (f)	[kasɛt]
videocassette (de)	cassette (f) vidéo	[kasɛt video]
CD (de)	CD (m)	[sede]
DVD (de)	DVD (m)	[devede]
alfabet (het)	alphabet (m)	[alfabɛ]
spellen (ww)	épeler (vt)	[eple]
uitspraak (de)	prononciation (f)	[prɔnɔ̃sjasjɔ̃]
accent (het)	accent (m)	[aksã]
met een accent (bw)	avec un accent	[avɛk œn aksã]
zonder accent (bw)	sans accent	[sã zaksã]
woord (het)	mot (m)	[mo]
betekenis (de)	sens (m)	[sãs]
cursus (de)	cours (m pl)	[kur]
zich inschrijven (ww)	s'inscrire (vp)	[sɛ̃skrir]
leraar (de)	professeur (m)	[prɔfɛsœr]
vertaling (een ~ maken)	traduction (f)	[tradyksjɔ̃]
vertaling (tekst)	traduction (f)	[tradyksjɔ̃]
vertaler (de)	traducteur (m)	[tradyktœr]
tolk (de)	interprète (m)	[ɛ̃tɛrprɛt]
polyglot (de)	polyglotte (m)	[pɔliglɔt]
geheugen (het)	mémoire (f)	[memwar]

Rusten. Entertainment. Reizen

99. Trip. Reizen

toerisme (het)	tourisme (m)	[turism]
toerist (de)	touriste (m)	[turist]
reis (de)	voyage (m)	[vwajaʒ]
avontuur (het)	aventure (f)	[avɑ̃tyr]
tocht (de)	voyage (m)	[vwajaʒ]
vakantie (de)	vacances (f pl)	[vakɑ̃s]
met vakantie zijn	être en vacances	[ɛtr ɑ̃ vakɑ̃s]
rust (de)	repos (m)	[rəpo]
trein (de)	train (m)	[trɛ̃]
met de trein	en train	[ɑ̃ trɛ̃]
vliegtuig (het)	avion (m)	[avjɔ̃]
met het vliegtuig	en avion	[ɑn avjɔ̃]
met de auto	en voiture	[ɑ̃ vwatyr]
per schip (bw)	en bateau	[ɑ̃ bato]
bagage (de)	bagage (m)	[bagaʒ]
valies (de)	malle (f)	[mal]
bagagekarretje (het)	chariot (m)	[ʃarjo]
paspoort (het)	passeport (m)	[pɑspɔr]
visum (het)	visa (m)	[viza]
kaartje (het)	ticket (m)	[tikɛ]
vliegticket (het)	billet (m) d'avion	[bijɛ davjɔ̃]
reisgids (de)	guide (m)	[gid]
kaart (de)	carte (f)	[kart]
gebied (landelijk ~)	région (f)	[reʒjɔ̃]
plaats (de)	endroit (m)	[ɑ̃drwa]
exotische bestemming (de)	exotisme (m)	[ɛgzɔtism]
exotisch (bn)	exotique (adj)	[ɛgzɔtik]
verwonderlijk (bn)	étonnant (adj)	[etɔnɑ̃]
groep (de)	groupe (m)	[grup]
rondleiding (de)	excursion (f)	[ɛkskyrsjɔ̃]
gids (de)	guide (m)	[gid]

100. Hotel

hotel (het)	hôtel (m)	[otɛl]
motel (het)	motel (m)	[mɔtɛl]
3-sterren	3 étoiles	[trwa zetwal]

5-sterren overnachten (ww)	5 étoiles descendre (vi)	[sɛ̃k etwal] [desɑ̃dr]
kamer (de) eenpersoonskamer (de) tweepersoonskamer (de) een kamer reserveren	chambre (f) chambre (f) simple chambre (f) double réserver une chambre	[ʃɑ̃br] [ʃɑ̃br sɛ̃pl] [ʃɑ̃br dubl] [rezɛrve yn ʃɑ̃br]
halfpension (het) volpension (het)	demi-pension (f) pension (f) complète	[dəmipɑ̃sjɔ̃] [pɑ̃sjɔ̃ kɔ̃plɛt]
met badkamer met douche satelliet-tv (de) airconditioner (de) handdoek (de) sleutel (de)	avec une salle de bain avec une douche télévision (f) par satellite climatiseur (m) serviette (f) clé, clef (f)	[avɛk yn saldəbɛ̃] [avɛk yn duʃ] [televizjɔ̃ par satelit] [klimatizœr] [sɛrvjɛt] [kle]
administrateur (de) kamermeisje (het) piccolo (de) portier (de)	administrateur (m) femme (f) de chambre porteur (m) portier (m)	[administratœr] [fam də ʃɑ̃br] [pɔrtœr] [pɔrtje]
restaurant (het) bar (de) ontbijt (het) avondeten (het) buffet (het)	restaurant (m) bar (m) petit déjeuner (m) dîner (m) buffet (m)	[rɛstɔrɑ̃] [bar] [pəti deʒœne] [dine] [byfɛ]
hal (de) lift (de)	hall (m) ascenseur (m)	[ol] [asɑ̃sœr]
NIET STOREN VERBODEN TE ROKEN!	PRIÈRE DE NE PAS DÉRANGER DÉFENSE DE FUMER	[prijɛr dənəpɑ derɑ̃ʒe] [defɑ̃s də fyme]

TECHNISCHE APPARATUUR. VERVOER

Technische apparatuur

101. Computer

computer (de)	ordinateur (m)	[ɔrdinatœr]
laptop (de)	PC (m) portable	[pese pɔrtabl]
aanzetten (ww)	allumer (vt)	[alyme]
uitzetten (ww)	éteindre (vt)	[etɛ̃dr]
toetsenbord (het)	clavier (m)	[klavje]
toets (enter~)	touche (f)	[tuʃ]
muis (de)	souris (f)	[suri]
muismat (de)	tapis (m) de souris	[tapi də suri]
knopje (het)	bouton (m)	[butɔ̃]
cursor (de)	curseur (m)	[kyrsœr]
monitor (de)	moniteur (m)	[mɔnitœr]
scherm (het)	écran (m)	[ekrɑ̃]
harde schijf (de)	disque (m) dur	[disk dyr]
volume (het) van de harde schijf	capacité (f) du disque dur	[kapasite dy disk dyr]
geheugen (het)	mémoire (f)	[memwar]
RAM-geheugen (het)	mémoire (f) vive	[memwar viv]
bestand (het)	fichier (m)	[fiʃje]
folder (de)	dossier (m)	[dosje]
openen (ww)	ouvrir (vt)	[uvrir]
sluiten (ww)	fermer (vt)	[fɛrme]
opslaan (ww)	sauvegarder (vt)	[sovgarde]
verwijderen (wissen)	supprimer (vt)	[syprime]
kopiëren (ww)	copier (vt)	[kɔpje]
sorteren (ww)	trier (vt)	[trije]
overplaatsen (ww)	copier (vt)	[kɔpje]
programma (het)	programme (m)	[prɔgram]
software (de)	logiciel (m)	[lɔʒisjɛl]
programmeur (de)	programmeur (m)	[prɔgramœr]
programmeren (ww)	programmer (vt)	[prɔgrame]
hacker (computerkraker)	hacker (m)	[ake:r]
wachtwoord (het)	mot (m) de passe	[mo də pɑs]
virus (het)	virus (m)	[virys]
ontdekken (virus ~)	découvrir (vt)	[dekuvrir]

byte (de)	bit (m)	[bit]
megabyte (de)	mégabit (m)	[megabit]
data (de)	données (f pl)	[dɔne]
databank (de)	base (f) de données	[baz də dɔne]
kabel (USB-~, enz.)	câble (m)	[kabl]
afsluiten (ww)	déconnecter (vt)	[dekɔnɛkte]
aansluiten op (ww)	connecter (vt)	[kɔnɛkte]

102. Internet. E-mail

internet (het)	Internet (m)	[ɛ̃tɛrnɛt]
browser (de)	navigateur (m)	[navigatœr]
zoekmachine (de)	moteur (m) de recherche	[mɔtœr də rəʃɛrʃ]
internetprovider (de)	fournisseur (m) d'accès	[furnisœr daksɛ]
webmaster (de)	administrateur (m) de site	[administratœr də sit]
website (de)	site (m) web	[sit wɛb]
webpagina (de)	page (f) web	[paʒ wɛb]
adres (het)	adresse (f)	[adrɛs]
adresboek (het)	carnet (m) d'adresses	[karnɛ dadrɛs]
postvak (het)	boîte (f) de réception	[bwat də resɛpsjɔ̃]
post (de)	courrier (m)	[kurje]
bericht (het)	message (m)	[mesaʒ]
binnenkomende berichten (mv.)	messages (pl) entrants	[mesaʒ ɑ̃trɑ̃]
uitgaande berichten (mv.)	messages (pl) sortants	[mesaʒ sɔrtɑ̃]
verzender (de)	expéditeur (m)	[ɛkspeditœr]
verzenden (ww)	envoyer (vt)	[ɑ̃vwaje]
verzending (de)	envoi (m)	[ɑ̃vwa]
ontvanger (de)	destinataire (m)	[dɛstinatɛr]
ontvangen (ww)	recevoir (vt)	[rəsəvwar]
correspondentie (de)	correspondance (f)	[kɔrɛspɔ̃dɑ̃s]
corresponderen (met ...)	être en correspondance	[ɛtr ɑ̃ kɔrɛspɔ̃dɑ̃s]
bestand (het)	fichier (m)	[fiʃje]
downloaden (ww)	télécharger (vt)	[teleʃarʒe]
creëren (ww)	créer (vt)	[kree]
verwijderen (een bestand ~)	supprimer (vt)	[syprime]
verwijderd (bn)	supprimé (adj)	[syprime]
verbinding (de)	connexion (f)	[kɔnɛksjɔ̃]
snelheid (de)	vitesse (f)	[vitɛs]
modem (de)	modem (m)	[mɔdɛm]
toegang (de)	accès (m)	[aksɛ]
poort (de)	port (m)	[pɔr]
aansluiting (de)	connexion (f)	[kɔnɛksjɔ̃]

zich aansluiten (ww)	se connecter à ...	[sə kɔnɛkte a]
selecteren (ww)	sélectionner (vt)	[selɛksjɔne]
zoeken (ww)	rechercher (vt)	[rəʃɛrʃe]

103. Elektriciteit

elektriciteit (de)	électricité (f)	[elɛktrisite]
elektrisch (bn)	électrique (adj)	[elɛktrik]
elektriciteitscentrale (de)	centrale (f) électrique	[sɑ̃tral elɛktrik]
energie (de)	énergie (f)	[enɛrʒi]
elektrisch vermogen (het)	énergie (f) électrique	[enɛrʒi elɛktrik]
lamp (de)	ampoule (f)	[ɑ̃pul]
zaklamp (de)	torche (f)	[tɔrʃ]
straatlantaarn (de)	réverbère (m)	[revɛrbɛr]
licht (elektriciteit)	lumière (f)	[lymjɛr]
aandoen (ww)	allumer (vt)	[alyme]
uitdoen (ww)	éteindre (vt)	[etɛ̃dr]
het licht uitdoen	éteindre la lumière	[etɛ̃dr la lymjɛr]
doorbranden (gloeilamp)	être grillé	[ɛtr grije]
kortsluiting (de)	court-circuit (m)	[kursirkɥi]
onderbreking (de)	rupture (f)	[ryptyr]
contact (het)	contact (m)	[kɔ̃takt]
schakelaar (de)	interrupteur (m)	[ɛ̃teryptœr]
stopcontact (het)	prise (f)	[priz]
stekker (de)	fiche (f)	[fiʃ]
verlengsnoer (de)	rallonge (f)	[ralɔ̃ʒ]
zekering (de)	fusible (m)	[fyzibl]
kabel (de)	fil (m)	[fil]
bedrading (de)	installation (f) électrique	[ɛ̃stalasjɔ̃ elɛktrik]
ampère (de)	ampère (m)	[ɑ̃pɛr]
stroomsterkte (de)	intensité (f) du courant	[ɛ̃tɑ̃site dy kurɑ̃]
volt (de)	volt (m)	[vɔlt]
spanning (de)	tension (f)	[tɑ̃sjɔ̃]
elektrisch toestel (het)	appareil (m) électrique	[aparɛj elɛktrik]
indicator (de)	indicateur (m)	[ɛ̃dikatœr]
elektricien (de)	électricien (m)	[elɛktrisjɛ̃]
solderen (ww)	souder (vt)	[sude]
soldeerbout (de)	fer (m) à souder	[fɛr asude]
stroom (de)	courant (m)	[kurɑ̃]

104. Gereedschappen

werktuig (stuk gereedschap)	outil (m)	[uti]
gereedschap (het)	outils (m pl)	[uti]

uitrusting (de)	équipement (m)	[ekipmɑ̃]
hamer (de)	marteau (m)	[marto]
schroevendraaier (de)	tournevis (m)	[turnəvis]
bijl (de)	hache (f)	[aʃ]
zaag (de)	scie (f)	[si]
zagen (ww)	scier (vt)	[sje]
schaaf (de)	rabot (m)	[rabo]
schaven (ww)	raboter (vt)	[rabote]
soldeerbout (de)	fer (m) à souder	[fɛr asude]
solderen (ww)	souder (vt)	[sude]
vijl (de)	lime (f)	[lim]
nijptang (de)	tenailles (f pl)	[tənɑj]
combinatietang (de)	pince (f) plate	[pɛ̃s plat]
beitel (de)	ciseau (m)	[sizo]
boorkop (de)	foret (m)	[fɔrɛ]
boormachine (de)	perceuse (f)	[pɛrsøz]
boren (ww)	percer (vt)	[pɛrse]
mes (het)	couteau (m)	[kuto]
zakmes (het)	canif (m)	[kanif]
knip- (abn)	pliant (adj)	[plijɑ̃]
lemmet (het)	lame (f)	[lam]
scherp (bijv. ~ mes)	bien affilé (adj)	[bjɛn afile]
bot (bn)	émoussé (adj)	[emuse]
bot raken (ww)	s'émousser (vp)	[semuse]
slijpen (een mes ~)	affiler (vt)	[afile]
bout (de)	boulon (m)	[bulɔ̃]
moer (de)	écrou (m)	[ekru]
schroefdraad (de)	filetage (m)	[filtaʒ]
houtschroef (de)	vis (f) à bois	[vi za bwa]
nagel (de)	clou (m)	[klu]
kop (de)	tête (f) de clou	[tɛt də klu]
liniaal (de/het)	règle (f)	[rɛgl]
rolmeter (de)	mètre (m) à ruban	[mɛtr a rybɑ̃]
waterpas (de/het)	niveau (m) à bulle	[nivo a byl]
loep (de)	loupe (f)	[lup]
meetinstrument (het)	appareil (m) de mesure	[aparɛj də məzyr]
opmeten (ww)	mesurer (vt)	[məzyre]
schaal (meetschaal)	échelle (f)	[eʃɛl]
gegevens (mv.)	relevé (m)	[rəlve]
compressor (de)	compresseur (m)	[kɔ̃presœr]
microscoop (de)	microscope (m)	[mikrɔskɔp]
pomp (de)	pompe (f)	[pɔ̃p]
robot (de)	robot (m)	[rɔbo]
laser (de)	laser (m)	[lazɛr]
moersleutel (de)	clé (f) de serrage	[kle də seraʒ]
plakband (de)	ruban (m) adhésif	[rybɑ̃ adezif]

lijm (de)	colle (f)	[kɔl]
schuurpapier (het)	papier (m) d'émeri	[papje dɛmri]
veer (de)	ressort (m)	[rəsɔr]
magneet (de)	aimant (m)	[ɛmɑ̃]
handschoenen (mv.)	gants (m pl)	[gɑ̃]
touw (bijv. henneptouw)	corde (f)	[kɔrd]
snoer (het)	cordon (m)	[kɔrdɔ̃]
draad (de)	fil (m)	[fil]
kabel (de)	câble (m)	[kabl]
moker (de)	masse (f)	[mas]
breekijzer (het)	pic (m)	[pik]
ladder (de)	escabeau (m)	[ɛskabo]
trapje (inklapbaar ~)	échelle (f) double	[eʃɛl dubl]
aanschroeven (ww)	visser (vt)	[vise]
losschroeven (ww)	dévisser (vt)	[devise]
dichtpersen (ww)	serrer (vt)	[sere]
vastlijmen (ww)	coller (vt)	[kɔle]
snijden (ww)	couper (vt)	[kupe]
defect (het)	défaut (m)	[defo]
reparatie (de)	réparation (f)	[reparasjɔ̃]
repareren (ww)	réparer (vt)	[repare]
regelen (een machine ~)	régler (vt)	[regle]
nakijken (ww)	vérifier (vt)	[verifje]
controle (de)	vérification (f)	[verifikasjɔ̃]
gegevens (mv.)	relevé (m)	[rəlve]
degelijk (bijv. ~ machine)	fiable (adj)	[fjabl]
ingewikkeld (bn)	complexe (adj)	[kɔ̃plɛks]
roesten (ww)	rouiller (vi)	[ruje]
roestig (bn)	rouillé (adj)	[ruje]
roest (de/het)	rouille (f)	[ruj]

Vervoer

105. Vliegtuig

vliegtuig (het)	avion (m)	[avjɔ̃]
vliegticket (het)	billet (m) d'avion	[bijɛ davjɔ̃]
luchtvaartmaatschappij (de)	compagnie (f) aérienne	[kɔ̃paɲi aerjɛn]
luchthaven (de)	aéroport (m)	[aeropɔr]
supersonisch (bn)	supersonique (adj)	[sypɛrsɔnik]
gezagvoerder (de)	commandant (m) de bord	[kɔmɑ̃dɑ̃ də bɔr]
bemanning (de)	équipage (m)	[ekipaʒ]
piloot (de)	pilote (m)	[pilɔt]
stewardess (de)	hôtesse (f) de l'air	[otɛs də lɛr]
stuurman (de)	navigateur (m)	[navigatœr]
vleugels (mv.)	ailes (f pl)	[ɛl]
staart (de)	queue (f)	[kø]
cabine (de)	cabine (f)	[kabin]
motor (de)	moteur (m)	[mɔtœr]
landingsgestel (het)	train (m) d'atterrissage	[trɛ̃ daterisaʒ]
turbine (de)	turbine (f)	[tyrbin]
propeller (de)	hélice (f)	[elis]
zwarte doos (de)	boîte (f) noire	[bwat nwar]
stuur (het)	gouvernail (m)	[guvɛrnaj]
brandstof (de)	carburant (m)	[karbyrɑ̃]
veiligheidskaart (de)	consigne (f) de sécurité	[kɔ̃siɲ də sekyrite]
zuurstofmasker (het)	masque (m) à oxygène	[mask a ɔksiʒɛn]
uniform (het)	uniforme (m)	[ynifɔrm]
reddingsvest (de)	gilet (m) de sauvetage	[ʒilɛ də sovtaʒ]
parachute (de)	parachute (m)	[paraʃyt]
opstijgen (het)	décollage (m)	[dekɔlaʒ]
opstijgen (ww)	décoller (vi)	[dekɔle]
startbaan (de)	piste (f) de décollage	[pist dekɔlaʒ]
zicht (het)	visibilité (f)	[vizibilite]
vlucht (de)	vol (m)	[vɔl]
hoogte (de)	altitude (f)	[altityd]
luchtzak (de)	trou (m) d'air	[tru dɛr]
plaats (de)	place (f)	[plas]
koptelefoon (de)	écouteurs (m pl)	[ekutœr]
tafeltje (het)	tablette (f)	[tablɛt]
venster (het)	hublot (m)	[yblo]
gangpad (het)	couloir (m)	[kulwar]

106. Trein

trein (de)	train (m)	[trɛ̃]
elektrische trein (de)	train (m) de banlieue	[trɛ̃ də bɑ̃ljø]
sneltrein (de)	TGV (m)	[teʒeve]
diesellocomotief (de)	locomotive (f) diesel	[lɔkɔmɔtiv djezɛl]
locomotief (de)	locomotive (f) à vapeur	[lɔkɔmɔtiv a vapœr]

rijtuig (het)	wagon (m)	[vagɔ̃]
restauratierijtuig (het)	wagon-restaurant (m)	[vagɔ̃rɛstɔrɑ̃]

rails (mv.)	rails (m pl)	[raj]
spoorweg (de)	chemin (m) de fer	[ʃəmɛ̃ də fɛr]
dwarsligger (de)	traverse (f)	[travɛrs]

perron (het)	quai (m)	[kɛ]
spoor (het)	voie (f)	[vwa]
semafoor (de)	sémaphore (m)	[semafɔr]
halte (bijv. kleine treinhalte)	station (f)	[stasjɔ̃]

machinist (de)	conducteur (m) de train	[kɔ̃dyktœr də trɛ̃]
kruier (de)	porteur (m)	[pɔrtœr]
conducteur (de)	steward (m)	[stiwart]
passagier (de)	passager (m)	[pɑsaʒe]
controleur (de)	contrôleur (m)	[kɔ̃trolœr]

gang (in een trein)	couloir (m)	[kulwar]
noodrem (de)	frein (m) d'urgence	[frɛ̃ dyrʒɑ̃s]
coupé (de)	compartiment (m)	[kɔ̃partimɑ̃]
bed (slaapplaats)	couchette (f)	[kuʃɛt]
bovenste bed (het)	couchette (f) d'en haut	[kuʃɛt dɛ̃ o]
onderste bed (het)	couchette (f) d'en bas	[kuʃɛt dɛ̃ba]
beddengoed (het)	linge (m) de lit	[lɛ̃ʒ də li]

kaartje (het)	ticket (m)	[tikɛ]
dienstregeling (de)	horaire (m)	[ɔrɛr]
informatiebord (het)	tableau (m) d'informations	[tablo dɛ̃fɔrmasjɔ̃]

vertrekken (De trein vertrekt ...)	partir (vi)	[partir]
vertrek (ov. een trein)	départ (m)	[depar]
aankomen (ov. de treinen)	arriver (vi)	[arive]
aankomst (de)	arrivée (f)	[arive]

aankomen per trein	arriver en train	[arive ɑ̃ trɛ̃]
in de trein stappen	prendre le train	[prɑ̃dr lə trɛ̃]
uit de trein stappen	descendre du train	[desɑ̃dr dy trɛ̃]

treinwrak (het)	accident (m) ferroviaire	[aksidɑ̃ ferɔvjɛr]
ontspoord zijn	dérailler (vi)	[deraje]

locomotief (de)	locomotive (f) à vapeur	[lɔkɔmɔtiv a vapœr]
stoker (de)	chauffeur (m)	[ʃofœr]
stookplaats (de)	chauffe (f)	[ʃof]
steenkool (de)	charbon (m)	[ʃarbɔ̃]

107. Schip

schip (het)	bateau (m)	[bato]
vaartuig (het)	navire (m)	[navir]
stoomboot (de)	bateau (m) à vapeur	[bato a vapœr]
motorschip (het)	paquebot (m)	[pakbo]
lijnschip (het)	bateau (m) de croisière	[bato də krwazjɛr]
kruiser (de)	croiseur (m)	[krwazœr]
jacht (het)	yacht (m)	[jot]
sleepboot (de)	remorqueur (m)	[rəmɔrkœr]
duwbak (de)	péniche (f)	[peniʃ]
ferryboot (de)	ferry (m)	[feri]
zeilboot (de)	voilier (m)	[vwalje]
brigantijn (de)	brigantin (m)	[brigɑ̃tɛ̃]
IJsbreker (de)	brise-glace (m)	[brizglas]
duikboot (de)	sous-marin (m)	[sumarɛ̃]
boot (de)	canot (m) à rames	[kano a ram]
sloep (de)	dinghy (m)	[diŋgi]
reddingssloep (de)	canot (m) de sauvetage	[kano də sovtaʒ]
motorboot (de)	canot (m) à moteur	[kano a motœr]
kapitein (de)	capitaine (m)	[kapitɛn]
zeeman (de)	matelot (m)	[matlo]
matroos (de)	marin (m)	[marɛ̃]
bemanning (de)	équipage (m)	[ekipaʒ]
bootsman (de)	maître (m) d'équipage	[mɛtr dekipaʒ]
scheepsjongen (de)	mousse (m)	[mus]
kok (de)	cuisinier (m) du bord	[kɥizinje dy bɔr]
scheepsarts (de)	médecin (m) de bord	[medsɛ̃ də bɔr]
dek (het)	pont (m)	[pɔ̃]
mast (de)	mât (m)	[mɑ]
zeil (het)	voile (f)	[vwal]
ruim (het)	cale (f)	[kal]
voorsteven (de)	proue (f)	[pru]
achtersteven (de)	poupe (f)	[pup]
roeispaan (de)	rame (f)	[ram]
schroef (de)	hélice (f)	[elis]
kajuit (de)	cabine (f)	[kabin]
officierskamer (de)	carré (m) des officiers	[kare dezofisje]
machinekamer (de)	salle (f) des machines	[sal de maʃin]
brug (de)	passerelle (f)	[pasrɛl]
radiokamer (de)	cabine (f) de T.S.F.	[kabin də teɛsɛf]
radiogolf (de)	onde (f)	[ɔ̃d]
logboek (het)	journal (m) de bord	[ʒurnal də bɔr]
verrekijker (de)	longue-vue (f)	[lɔ̃gvy]
klok (de)	cloche (f)	[klɔʃ]

vlag (de)	pavillon (m)	[pavijɔ̃]
kabel (de)	grosse corde (f) tressée	[gros kɔrd trese]
knoop (de)	nœud (m) marin	[nø marɛ̃]
trapleuning (de)	rampe (f)	[rɑ̃p]
trap (de)	passerelle (f)	[pɑsrɛl]
anker (het)	ancre (f)	[ɑ̃kr]
het anker lichten	lever l'ancre	[ləve lɑ̃kr]
het anker neerlaten	jeter l'ancre	[ʒəte lɑ̃kr]
ankerketting (de)	chaîne (f) d'ancrage	[ʃɛn dɑ̃kraʒ]
haven (bijv. containerhaven)	port (m)	[pɔr]
kaai (de)	embarcadère (m)	[ɑ̃barkadɛr]
aanleggen (ww)	accoster (vi)	[akɔste]
wegvaren (ww)	larguer les amarres	[large lezamar]
reis (de)	voyage (m)	[vwajaʒ]
cruise (de)	croisière (f)	[krwazjɛr]
koers (de)	cap (m)	[kap]
route (de)	itinéraire (m)	[itinerɛr]
vaarwater (het)	chenal (m)	[ʃənal]
zandbank (de)	bas-fond (m)	[bafɔ̃]
stranden (ww)	échouer sur un bas-fond	[eʃwe syr œ̃ bafɔ̃]
storm (de)	tempête (f)	[tɑ̃pɛt]
signaal (het)	signal (m)	[siɲal]
zinken (ov. een boot)	sombrer (vi)	[sɔ̃bre]
Man overboord!	Un homme à la mer!	[ynɔm alamɛr]
SOS (noodsignaal)	SOS (m)	[ɛsoɛs]
reddingsboei (de)	bouée (f) de sauvetage	[bwe də sovtaʒ]

108. Vliegveld

luchthaven (de)	aéroport (m)	[aeropɔr]
vliegtuig (het)	avion (m)	[avjɔ̃]
luchtvaartmaatschappij (de)	compagnie (f) aérienne	[kɔ̃paɲi aerjɛn]
luchtverkeersleider (de)	contrôleur (m) aérien	[kɔ̃trolœr aerjɛ̃]
vertrek (het)	départ (m)	[depar]
aankomst (de)	arrivée (f)	[arive]
aankomen (per vliegtuig)	arriver (vi)	[arive]
vertrektijd (de)	temps (m) de départ	[tɑ̃ də depar]
aankomstuur (het)	temps (m) d'arrivée	[tɑ̃ darive]
vertraagd zijn (ww)	être retardé	[ɛtr rətarde]
vluchtvertraging (de)	retard (m) de l'avion	[rətar də lavjɔ̃]
informatiebord (het)	tableau (m) d'informations	[tablo dɛ̃fɔrmasjɔ̃]
informatie (de)	information (f)	[ɛ̃fɔrmasjɔ̃]
aankondigen (ww)	annoncer (vt)	[anɔ̃se]
vlucht (bijv. KLM ~)	vol (m)	[vɔl]

douane (de)	douane (f)	[dwan]
douanier (de)	douanier (m)	[dwanje]

douaneaangifte (de)	déclaration (f) de douane	[deklarasjɔ̃ də dwan]
een douaneaangifte invullen	remplir la déclaration	[rãplir la deklarasjɔ̃]
paspoortcontrole (de)	contrôle (m) de passeport	[kɔ̃trol də paspɔr]

bagage (de)	bagage (m)	[bagaʒ]
handbagage (de)	bagage (m) à main	[bagaʒ a mɛ̃]
Gevonden voorwerpen	service des objets trouvés	[sɛrvis de ɔbʒɛ truve]
bagagekarretje (het)	chariot (m)	[ʃarjo]

landing (de)	atterrissage (m)	[aterisaʒ]
landingsbaan (de)	piste (f) d'atterrissage	[pist daterisaʒ]
landen (ww)	atterrir (vi)	[aterir]
vliegtuigtrap (de)	escalier (m) d'avion	[ɛskalje davjɔ̃]

inchecken (het)	enregistrement (m)	[ãrəʒistrəmã]
incheckbalie (de)	comptoir (m) d'enregistrement	[kɔ̃twar dãrəʒistrəmã]
inchecken (ww)	s'enregistrer (vp)	[sãrəʒistre]
instapkaart (de)	carte (f) d'embarquement	[kart dãbarkəmã]
gate (de)	porte (f) d'embarquement	[pɔrt dãbarkəmã]

transit (de)	transit (m)	[trãzit]
wachten (ww)	attendre (vt)	[atãdr]
wachtzaal (de)	salle (f) d'attente	[sal datãt]
begeleiden (uitwuiven)	raccompagner (vt)	[rakɔ̃paɲe]
afscheid nemen (ww)	dire au revoir	[dir ərəvwar]

Gebeurtenissen in het leven

109. Vakanties. Evenement

feest (het)	fête (f)	[fɛt]
nationale feestdag (de)	fête (f) nationale	[fɛt nasjɔnal]
feestdag (de)	jour (m) férié	[ʒur ferje]
herdenken (ww)	célébrer (vt)	[selebre]

gebeurtenis (de)	événement (m)	[evɛnmã]
evenement (het)	événement (m)	[evɛnmã]
banket (het)	banquet (m)	[bãkɛ]
receptie (de)	réception (f)	[resɛpsjɔ̃]
feestmaal (het)	festin (m)	[fɛstɛ̃]

verjaardag (de)	anniversaire (m)	[anivɛrsɛr]
jubileum (het)	jubilé (m)	[ʒybile]
vieren (ww)	fêter, célébrer	[fete], [selebre]

Nieuwjaar (het)	Nouvel An (m)	[nuvɛl ã]
Gelukkig Nieuwjaar!	Bonne année!	[bɔn ane]
Sinterklaas (de)	Père Noël (m)	[pɛr nɔɛl]

Kerstfeest (het)	Noël (m)	[nɔɛl]
Vrolijk kerstfeest!	Joyeux Noël!	[ʒwajø nɔɛl]
kerstboom (de)	arbre (m) de Noël	[arbr də noɛl]
vuurwerk (het)	feux (m pl) d'artifice	[fø dartifis]

bruiloft (de)	mariage (m)	[marjaʒ]
bruidegom (de)	fiancé (m)	[fijãse]
bruid (de)	fiancée (f)	[fijãse]

uitnodigen (ww)	inviter (vt)	[ɛ̃vite]
uitnodiging (de)	lettre (f) d'invitation	[lɛtr dɛ̃vitasjɔ̃]

gast (de)	invité (m)	[ɛ̃vite]
op bezoek gaan	visiter (vt)	[vizite]
gasten verwelkomen	accueillir les invités	[akœjir lezɛ̃vite]

geschenk, cadeau (het)	cadeau (m)	[kado]
geven (iets cadeau ~)	offrir (vt)	[ɔfrir]
geschenken ontvangen	recevoir des cadeaux	[rəsəvwar de kado]
boeket (het)	bouquet (m)	[bukɛ]

felicitaties (mv.)	félicitations (f pl)	[felisitasjɔ̃]
feliciteren (ww)	féliciter (vt)	[felisite]

wenskaart (de)	carte (f) de veux	[kart də vœ]
een kaartje versturen	envoyer une carte	[ãvwaje yn kart]
een kaartje ontvangen	recevoir une carte	[rəsəvwar yn kart]

toast (de)	toast (m)	[tost]
aanbieden (een drankje ~)	offrir (vt)	[ɔfrir]
champagne (de)	champagne (m)	[ʃɑ̃paɲ]
plezier hebben (ww)	s'amuser (vp)	[samyze]
plezier (het)	gaieté (f)	[gete]
vreugde (de)	joie (f)	[ʒwa]
dans (de)	danse (f)	[dɑ̃s]
dansen (ww)	danser (vi, vt)	[dɑ̃se]
wals (de)	valse (f)	[vals]
tango (de)	tango (m)	[tɑ̃go]

110. Begrafenissen. Begrafenis

kerkhof (het)	cimetière (m)	[simɑ̃tje]
graf (het)	tombe (f)	[tɔ̃b]
kruis (het)	croix (f)	[krwa]
grafsteen (de)	pierre (f) tombale	[pjɛr tɔ̃bal]
omheining (de)	clôture (f)	[klotyr]
kapel (de)	chapelle (f)	[ʃapɛl]
dood (de)	mort (f)	[mɔr]
sterven (ww)	mourir (vi)	[murir]
overledene (de)	défunt (m)	[defœ̃]
rouw (de)	deuil (m)	[dœj]
begraven (ww)	enterrer (vt)	[ɑ̃tere]
begrafenisonderneming (de)	maison (f) funéraire	[mɛzɔ̃ fynerɛr]
begrafenis (de)	enterrement (m)	[ɑ̃tɛrmɑ̃]
krans (de)	couronne (f)	[kurɔn]
doodskist (de)	cercueil (m)	[sɛrkœj]
lijkwagen (de)	corbillard (m)	[kɔrbijar]
lijkkleed (de)	linceul (m)	[lɛ̃sœl]
begrafenisstoet (de)	cortège (m) funèbre	[kɔrtɛʒ fynɛbr]
urn (de)	urne (f) funéraire	[yrn fynerɛr]
crematorium (het)	crématoire (m)	[krematwar]
overlijdensbericht (het)	nécrologue (m)	[nekrɔlɔg]
huilen (wenen)	pleurer (vi)	[plœre]
snikken (huilen)	sangloter (vi)	[sɑ̃glɔte]

111. Oorlog. Soldaten

peloton (het)	section (f)	[sɛksjɔ̃]
compagnie (de)	compagnie (f)	[kɔ̃paɲi]
regiment (het)	régiment (m)	[reʒimɑ̃]
leger (armee)	armée (f)	[arme]
divisie (de)	division (f)	[divizjɔ̃]

sectie (de)	détachement (m)	[detaʃmã]
troep (de)	armée (f)	[arme]

soldaat (militair)	soldat (m)	[sɔlda]
officier (de)	officier (m)	[ɔfisje]

soldaat (rang)	soldat (m)	[sɔlda]
sergeant (de)	sergent (m)	[sɛrʒã]
luitenant (de)	lieutenant (m)	[ljøtnã]
kapitein (de)	capitaine (m)	[kapitɛn]
majoor (de)	commandant (m)	[kɔmãdã]
kolonel (de)	colonel (m)	[kɔlɔnɛl]
generaal (de)	général (m)	[ʒeneral]

matroos (de)	marin (m)	[marɛ̃]
kapitein (de)	capitaine (m)	[kapitɛn]
bootsman (de)	maître (m) d'équipage	[mɛtr dekipaʒ]
artillerist (de)	artilleur (m)	[artijœr]
valschermjager (de)	parachutiste (m)	[paraʃytist]
piloot (de)	pilote (m)	[pilɔt]
stuurman (de)	navigateur (m)	[navigatœr]
mecanicien (de)	mécanicien (m)	[mekanisjɛ̃]

sappeur (de)	démineur (m)	[deminœr]
parachutist (de)	parachutiste (m)	[paraʃytist]
verkenner (de)	éclaireur (m)	[eklɛrœr]
scherpschutter (de)	tireur (m) d'élite	[tirœr delit]

patrouille (de)	patrouille (f)	[patruj]
patrouilleren (ww)	patrouiller (vi)	[patruje]
wacht (de)	sentinelle (f)	[sãtinɛl]
krijger (de)	guerrier (m)	[gɛrje]
held (de)	héros (m)	[ero]
heldin (de)	héroïne (f)	[erɔin]
patriot (de)	patriote (m)	[patrijɔt]

verrader (de)	traître (m)	[trɛtr]
verraden (ww)	trahir (vt)	[trair]

deserteur (de)	déserteur (m)	[dezɛrtœr]
deserteren (ww)	déserter (vt)	[dezɛrte]

huurling (de)	mercenaire (m)	[mɛrsənɛr]
rekruut (de)	recrue (f)	[rəkry]
vrijwilliger (de)	volontaire (m)	[vɔlɔ̃tɛr]

gedode (de)	mort (m)	[mɔr]
gewonde (de)	blessé (m)	[blese]
krijgsgevangene (de)	prisonnier (m) de guerre	[prizɔnje də gɛr]

112. Oorlog. Militaire acties. Deel 1

oorlog (de)	guerre (f)	[gɛr]
oorlog voeren (ww)	faire la guerre	[fɛr la gɛr]

burgeroorlog (de)	guerre (f) civile	[gɛr sivil]
achterbaks (bw)	perfidement (adv)	[pɛrfidmã]
oorlogsverklaring (de)	déclaration (f) de guerre	[deklarasjõ də gɛr]
verklaren (de oorlog ~)	déclarer (vt)	[deklare]
agressie (de)	agression (f)	[agrɛsjõ]
aanvallen (binnenvallen)	attaquer (vt)	[atake]

binnenvallen (ww)	envahir (vt)	[ãvair]
invaller (de)	envahisseur (m)	[ãvaisœr]
veroveraar (de)	conquérant (m)	[kõkerã]

verdediging (de)	défense (f)	[defãs]
verdedigen (je land ~)	défendre (vt)	[defãdr]
zich verdedigen (ww)	se défendre (vp)	[sə defãdr]

vijand (de)	ennemi (m)	[ɛnmi]
tegenstander (de)	adversaire (m)	[advɛrsɛr]
vijandelijk (bn)	ennemi (adj)	[ɛnmi]

strategie (de)	stratégie (f)	[strateʒi]
tactiek (de)	tactique (f)	[taktik]

order (de)	ordre (m)	[ɔrdr]
bevel (het)	commande (f)	[kɔmãd]
bevelen (ww)	ordonner (vt)	[ɔrdɔne]
opdracht (de)	mission (f)	[misjõ]
geheim (bn)	secret (adj)	[səkrɛ]

slag (de)	bataille (f)	[bataj]
strijd (de)	combat (m)	[kõba]

aanval (de)	attaque (f)	[atak]
bestorming (de)	assaut (m)	[aso]
bestormen (ww)	prendre d'assaut	[prãdr daso]
bezetting (de)	siège (m)	[sjɛʒ]

aanval (de)	offensive (f)	[ɔfãsiv]
in het offensief te gaan	passer à l'offensive	[pase a lɔfãsiv]

terugtrekking (de)	retraite (f)	[rətrɛt]
zich terugtrekken (ww)	faire retraite	[fɛr rətrɛt]

omsingeling (de)	encerclement (m)	[ãsɛrkləmã]
omsingelen (ww)	encercler (vt)	[ãsɛrkle]

bombardement (het)	bombardement (m)	[bõbardəmã]
een bom gooien	lancer une bombe	[lãse yn bõb]
bombarderen (ww)	bombarder (vt)	[bõbarde]
ontploffing (de)	explosion (f)	[ɛksplozjõ]

schot (het)	coup (m) de feu	[ku də fø]
een schot lossen	tirer un coup de feu	[tire œ̃ ku də fø]
schieten (het)	fusillade (f)	[fyzijad]

mikken op (ww)	viser (vt)	[vize]
aanleggen (een wapen ~)	pointer (sur ...)	[pwɛ̃te syr]

treffen (doelwit ~)	atteindre (vt)	[atɛ̃dr]
zinken (tot zinken brengen)	faire sombrer	[fɛr sɔ̃bre]
kogelgat (het)	trou (m)	[tru]
zinken (gezonken zijn)	sombrer (vi)	[sɔ̃bre]

front (het)	front (m)	[frɔ̃]
hinterland (het)	arrière front (m)	[arjɛr frɔ̃]
evacuatie (de)	évacuation (f)	[evakɥasjɔ̃]
evacueren (ww)	évacuer (vt)	[evakɥe]

loopgraaf (de)	tranchée (f)	[trɑ̃ʃe]
prikkeldraad (de)	barbelés (m pl)	[barbəle]
verdedigingsobstakel (het)	barrage (m)	[baraʒ]
wachttoren (de)	tour (f) de guet	[tur də gɛ]

hospitaal (het)	hôpital (m)	[ɔpital]
verwonden (ww)	blesser (vt)	[blese]
wond (de)	blessure (f)	[blesyr]
gewonde (de)	blessé (m)	[blese]
gewond raken (ww)	être blessé	[ɛtr blese]
ernstig (~e wond)	grave (adj)	[grav]

113. Oorlog. Militaire acties. Deel 2

krijgsgevangenschap (de)	captivité (f)	[kaptivite]
krijgsgevangen nemen	captiver (vt)	[kaptive]
krijgsgevangene zijn	être prisonnier	[ɛtr prizɔnje]
krijgsgevangen genomen worden	être fait prisonnier	[ɛtr fɛ prizɔnje]

concentratiekamp (het)	camp (m) de concentration	[kɑ̃ də kɔ̃sɑ̃trasjɔ̃]
krijgsgevangene (de)	prisonnier (m) de guerre	[prizɔnje də gɛr]
vluchten (ww)	s'enfuir (vp)	[sɑ̃fɥir]

verraden (ww)	trahir (vt)	[trair]
verrader (de)	traître (m)	[trɛtr]
verraad (het)	trahison (f)	[traizɔ̃]

| fusilleren (executeren) | fusiller (vt) | [fyzije] |
| executie (de) | fusillade (f) | [fyzijad] |

uitrusting (de)	équipement (m)	[ekipmɑ̃]
schouderstuk (het)	épaulette (f)	[epolɛt]
gasmasker (het)	masque (m) à gaz	[mask a gaz]

portofoon (de)	émetteur (m) radio	[emetœr radjo]
geheime code (de)	chiffre (m)	[ʃifr]
samenzwering (de)	conspiration (f)	[kɔ̃spirasjɔ̃]
wachtwoord (het)	mot (m) de passe	[mo də pɑs]

mijn (landmijn)	mine (f) terrestre	[min tɛrɛstr]
ondermijnen (legden mijnen)	miner (vt)	[mine]
mijnenveld (het)	champ (m) de mines	[ʃɑ̃ də min]
luchtalarm (het)	alerte (f) aérienne	[alɛrt aerjɛ̃]

alarm (het)	signal (m) d'alarme	[siɲal dalarm]
signaal (het)	signal (m)	[siɲal]
vuurpijl (de)	fusée signal (f)	[fyze siɲal]

staf (generale ~)	état-major (m)	[eta maʒɔr]
verkenningstocht (de)	reconnaissance (f)	[rəkɔnɛsɑ̃s]
toestand (de)	situation (f)	[situasjɔ̃]
rapport (het)	rapport (m)	[rapɔr]
hinderlaag (de)	embuscade (f)	[ɑ̃byskad]
versterking (de)	renfort (m)	[rɑ̃fɔr]

doel (bewegend ~)	cible (f)	[sibl]
proefterrein (het)	polygone (m)	[pɔligɔn]
manoeuvres (mv.)	manœuvres (f pl)	[manœvr]

paniek (de)	panique (f)	[panik]
verwoesting (de)	dévastation (f)	[devastasjɔ̃]
verwoestingen (mv.)	destructions (f pl)	[dɛstryksjɔ̃]
verwoesten (ww)	détruire (vt)	[detrɥir]

overleven (ww)	survivre (vi)	[syrvivr]
ontwapenen (ww)	désarmer (vt)	[dezarme]
behandelen (een pistool ~)	manier (vt)	[manje]

| Geeft acht! | Garde-à-vous! Fixe! | [gardavu], [fiks] |
| Op de plaats rust! | Repos! | [rəpo] |

heldendaad (de)	exploit (m)	[ɛksplwa]
eed (de)	serment (m)	[sɛrmɑ̃]
zweren (een eed doen)	jurer (vi)	[ʒyre]

decoratie (de)	décoration (f)	[dekɔrasjɔ̃]
onderscheiden (een ereteken geven)	décorer (vt)	[dekɔre]
medaille (de)	médaille (f)	[medaj]
orde (de)	ordre (m)	[ɔrdr]

overwinning (de)	victoire (f)	[viktwar]
verlies (het)	défaite (f)	[defɛt]
wapenstilstand (de)	armistice (m)	[armistis]

wimpel (vaandel)	drapeau (m)	[drapo]
roem (de)	gloire (f)	[glwar]
parade (de)	défilé (m)	[defile]
marcheren (ww)	marcher (vi)	[marʃe]

114. Wapens

wapens (mv.)	arme (f)	[arm]
vuurwapens (mv.)	armes (f pl) à feu	[arm a fø]
koude wapens (mv.)	armes (f pl) blanches	[arm blɑ̃ʃ]

| chemische wapens (mv.) | arme (f) chimique | [arm ʃimik] |
| kern-, nucleair (bn) | nucléaire (adj) | [nykleɛr] |

kernwapens (mv.)	arme (f) nucléaire	[arm nykleɛr]
bom (de)	bombe (f)	[bɔ̃b]
atoombom (de)	bombe (f) atomique	[bɔ̃b atɔmik]

pistool (het)	pistolet (m)	[pistɔlɛ]
geweer (het)	fusil (m)	[fyzi]
machinepistool (het)	mitraillette (f)	[mitrajɛt]
machinegeweer (het)	mitrailleuse (f)	[mitrajøz]

loop (schietbuis)	bouche (f)	[buʃ]
loop (bijv. geweer met kortere ~)	canon (m)	[kanɔ̃]
kaliber (het)	calibre (m)	[kalibr]

trekker (de)	gâchette (f)	[gaʃɛt]
korrel (de)	mire (f)	[mir]
magazijn (het)	magasin (m)	[magazɛ̃]
geweerkolf (de)	crosse (f)	[krɔs]

granaat (handgranaat)	grenade (f)	[grənad]
explosieven (mv.)	explosif (m)	[ɛksplozif]

kogel (de)	balle (f)	[bal]
patroon (de)	cartouche (f)	[kartuʃ]
lading (de)	charge (f)	[ʃarʒ]
ammunitie (de)	munitions (f pl)	[mynisjɔ̃]

bommenwerper (de)	bombardier (m)	[bɔ̃bardje]
straaljager (de)	avion (m) de chasse	[avjɔ̃ də ʃas]
helikopter (de)	hélicoptère (m)	[elikɔptɛr]

afweergeschut (het)	pièce (f) de D.C.A.	[pjɛs də desea]
tank (de)	char (m)	[ʃar]
kanon (tank met een ~ van 76 mm)	canon (m)	[kanɔ̃]

artillerie (de)	artillerie (f)	[artijri]
kanon (het)	canon (m)	[kanɔ̃]
aanleggen (een wapen ~)	pointer sur ...	[pwɛ̃te syr]

projectiel (het)	obus (m)	[ɔby]
mortiergranaat (de)	obus (m) de mortier	[ɔby də mɔrtje]
mortier (de)	mortier (m)	[mɔrtje]
granaatscherf (de)	éclat (m) d'obus	[ekla dɔby]

duikboot (de)	sous-marin (m)	[sumarɛ̃]
torpedo (de)	torpille (f)	[tɔrpij]
raket (de)	missile (m)	[misil]

laden (geweer, kanon)	charger (vt)	[ʃarʒe]
schieten (ww)	tirer (vi)	[tire]
richten op (mikken)	viser (vt)	[vize]
bajonet (de)	baïonnette (f)	[bajɔnɛt]

degen (de)	épée (f)	[epe]
sabel (de)	sabre (m)	[sabr]

speer (de)	lance (f)	[lɑ̃s]
boog (de)	arc (m)	[ark]
pijl (de)	flèche (f)	[flɛʃ]
musket (de)	mousquet (m)	[muskɛ]
kruisboog (de)	arbalète (f)	[arbalɛt]

115. Oude mensen

primitief (bn)	primitif (adj)	[primitif]
voorhistorisch (bn)	préhistorique (adj)	[preistɔrik]
eeuwenoude (~ beschaving)	ancien (adj)	[ɑ̃sjɛ̃]

Steentijd (de)	Âge (m) de Pierre	[ɑʒ də pjɛr]
Bronstijd (de)	Âge (m) de Bronze	[ɑʒ də brõz]
IJstijd (de)	période (f) glaciaire	[perjɔd glasjɛr]

stam (de)	tribu (f)	[triby]
menseneter (de)	cannibale (m)	[kanibal]
jager (de)	chasseur (m)	[ʃasœr]
jagen (ww)	chasser (vi, vt)	[ʃase]
mammoet (de)	mammouth (m)	[mamut]

grot (de)	caverne (f)	[kavɛrn]
vuur (het)	feu (m)	[fø]
kampvuur (het)	feu (m) de bois	[fø də bwa]
rotstekening (de)	dessin (m) rupestre	[desɛ̃ rypɛstr]

werkinstrument (het)	outil (m)	[uti]
speer (de)	lance (f)	[lɑ̃s]
stenen bijl (de)	hache (f) en pierre	[aʃɑ̃ pjɛr]

| oorlog voeren (ww) | faire la guerre | [fɛr la gɛr] |
| temmen (bijv. wolf ~) | domestiquer (vt) | [dɔmɛstike] |

| idool (het) | idole (f) | [idɔl] |
| aanbidden (ww) | adorer, vénérer (vt) | [adɔre], [venere] |

| bijgeloof (het) | superstition (f) | [sypɛrstisjõ] |
| ritueel (het) | rite (m) | [rit] |

| evolutie (de) | évolution (f) | [evɔlysjõ] |
| ontwikkeling (de) | développement (m) | [devlɔpmɑ̃] |

| verdwijning (de) | disparition (f) | [disparisjõ] |
| zich aanpassen (ww) | s'adapter (vp) | [sadapte] |

archeologie (de)	archéologie (f)	[arkeɔlɔʒi]
archeoloog (de)	archéologue (m)	[arkeɔlɔg]
archeologisch (bn)	archéologique (adj)	[arkeɔlɔʒik]

opgravingsplaats (de)	site (m) d'excavation	[sit dɛkskavasjõ]
opgravingen (mv.)	fouilles (f pl)	[fuj]
vondst (de)	trouvaille (f)	[truvaj]
fragment (het)	fragment (m)	[fragmɑ̃]

116. Middeleeuwen

volk (het)	peuple (m)	[pœpl]
volkeren (mv.)	peuples (m pl)	[pœpl]
stam (de)	tribu (f)	[triby]
stammen (mv.)	tribus (f pl)	[triby]
barbaren (mv.)	Barbares (m pl)	[barbar]
Galliërs (mv.)	Gaulois (m pl)	[golwa]
Goten (mv.)	Goths (m pl)	[go]
Slaven (mv.)	Slaves (m pl)	[slav]
Vikings (mv.)	Vikings (m pl)	[vikiŋ]
Romeinen (mv.)	Romains (m pl)	[rɔmɛ̃]
Romeins (bn)	romain (adj)	[rɔmɛ̃]
Byzantijnen (mv.)	byzantins (m pl)	[bizɑ̃tɛ̃]
Byzantium (het)	Byzance (f)	[bizɑ̃s]
Byzantijns (bn)	byzantin (adj)	[bizɑ̃tɛ̃]
keizer (bijv. Romeinse ~)	empereur (m)	[ɑ̃prœr]
opperhoofd (het)	chef (m)	[ʃɛf]
machtig (bn)	puissant (adj)	[pɥisɑ̃]
koning (de)	roi (m)	[rwa]
heerser (de)	gouverneur (m)	[guvɛrnœr]
ridder (de)	chevalier (m)	[ʃəvalje]
feodaal (de)	féodal (m)	[feodal]
feodaal (bn)	féodal (adj)	[feodal]
vazal (de)	vassal (m)	[vasal]
hertog (de)	duc (m)	[dyk]
graaf (de)	comte (m)	[kɔ̃t]
baron (de)	baron (m)	[barɔ̃]
bisschop (de)	évêque (m)	[evɛk]
harnas (het)	armure (f)	[armyr]
schild (het)	bouclier (m)	[buklije]
zwaard (het)	épée (f), glaive (m)	[epe], [glɛv]
vizier (het)	visière (f)	[vizjɛr]
maliënkolder (de)	cotte (f) de mailles	[kɔt də maj]
kruistocht (de)	croisade (f)	[krwazad]
kruisvaarder (de)	croisé (m)	[krwaze]
gebied (bijv. bezette ~en)	territoire (m)	[tɛritwar]
aanvallen (binnenvallen)	attaquer (vt)	[atake]
veroveren (ww)	conquérir (vt)	[kɔ̃kerir]
innemen (binnenvallen)	occuper (vt)	[ɔkype]
bezetting (de)	siège (m)	[sjɛʒ]
bezet (bn)	assiégé (adj)	[asjeʒe]
belegeren (ww)	assiéger (vt)	[asjeʒe]
inquisitie (de)	inquisition (f)	[ɛ̃kizisjɔ̃]
inquisiteur (de)	inquisiteur (m)	[ɛ̃kizitœr]

foltering (de)	torture (f)	[tɔrtyr]
wreed (bn)	cruel (adj)	[kryɛl]
ketter (de)	hérétique (m)	[eretik]
ketterij (de)	hérésie (f)	[erezi]
zeevaart (de)	navigation (f) en mer	[navigasjɔ̃ ɑ̃ mɛr]
piraat (de)	pirate (m)	[pirat]
piraterij (de)	piraterie (f)	[piratri]
enteren (het)	abordage (m)	[abɔrdaʒ]
buit (de)	butin (m)	[bytɛ̃]
schatten (mv.)	trésor (m)	[trezɔr]
ontdekking (de)	découverte (f)	[dekuvɛrt]
ontdekken (bijv. nieuw land)	découvrir (vt)	[dekuvrir]
expeditie (de)	expédition (f)	[ɛkspedisjɔ̃]
musketier (de)	mousquetaire (m)	[muskətɛr]
kardinaal (de)	cardinal (m)	[kardinal]
heraldiek (de)	héraldique (f)	[eraldik]
heraldisch (bn)	héraldique (adj)	[eraldik]

117. Leider. Baas. Autoriteiten

koning (de)	roi (m)	[rwa]
koningin (de)	reine (f)	[rɛn]
koninklijk (bn)	royal (adj)	[rwajal]
koninkrijk (het)	royaume (m)	[rwajom]
prins (de)	prince (m)	[prɛ̃s]
prinses (de)	princesse (f)	[prɛ̃sɛs]
president (de)	président (m)	[prezidɑ̃]
vicepresident (de)	vice-président (m)	[visprezidɑ̃]
senator (de)	sénateur (m)	[senatœr]
monarch (de)	monarque (m)	[mɔnark]
heerser (de)	gouverneur (m)	[guvɛrnœr]
dictator (de)	dictateur (m)	[diktatœr]
tiran (de)	tyran (m)	[tirɑ̃]
magnaat (de)	magnat (m)	[maɲa]
directeur (de)	directeur (m)	[dirɛktœr]
chef (de)	chef (m)	[ʃɛf]
beheerder (de)	gérant (m)	[ʒerɑ̃]
baas (de)	boss (m)	[bɔs]
eigenaar (de)	patron (m)	[patrɔ̃]
leider (de)	leader (m)	[lidœr]
hoofd (bijv. ~ van de delegatie)	chef (m)	[ʃɛf]
autoriteiten (mv.)	autorités (f pl)	[ɔtɔrite]
superieuren (mv.)	supérieurs (m pl)	[syperjœr]
gouverneur (de)	gouverneur (m)	[guvɛrnœr]
consul (de)	consul (m)	[kɔ̃syl]

diplomaat (de)	diplomate (m)	[diplɔmat]
burgemeester (de)	maire (m)	[mɛr]
sheriff (de)	shérif (m)	[ʃerif]

keizer (bijv. Romeinse ~)	empereur (m)	[ɑ̃prœr]
tsaar (de)	tsar (m)	[tsar]
farao (de)	pharaon (m)	[faraɔ̃]
kan (de)	khan (m)	[kɑ̃]

118. De wet overtreden. Criminelen. Deel 1

bandiet (de)	bandit (m)	[bɑ̃di]
misdaad (de)	crime (m)	[krim]
misdadiger (de)	criminel (m)	[kriminɛl]

dief (de)	voleur (m)	[vɔlœr]
stelen (ww)	voler (vt)	[vɔle]
stelen, diefstal (de)	vol (m)	[vɔl]

kidnappen (ww)	kidnapper (vt)	[kidnape]
kidnapping (de)	kidnapping (m)	[kidnapiŋ]
kidnapper (de)	kidnappeur (m)	[kidnapœr]

| losgeld (het) | rançon (f) | [rɑ̃sɔ̃] |
| eisen losgeld (ww) | exiger une rançon | [ɛgziʒe yn rɑ̃sɔ̃] |

overvallen (ww)	cambrioler (vt)	[kɑ̃brijɔle]
overval (de)	cambriolage (m)	[kɑ̃brijɔlaʒ]
overvaller (de)	cambrioleur (m)	[kɑ̃brijɔlœr]

afpersen (ww)	extorquer (vt)	[ɛkstɔrke]
afperser (de)	extorqueur (m)	[ɛkstɔrkœr]
afpersing (de)	extorsion (f)	[ɛkstɔrsjɔ̃]

vermoorden (ww)	tuer (vt)	[tɥe]
moord (de)	meurtre (m)	[mœrtr]
moordenaar (de)	meurtrier (m)	[mœrtrije]

schot (het)	coup (m) de feu	[ku də fø]
een schot lossen	tirer un coup de feu	[tire œ̃ ku də fø]
neerschieten (ww)	abattre (vt)	[abatr]
schieten (ww)	tirer (vi)	[tire]
schieten (het)	coups (m pl) de feu	[ku də fø]

ongeluk (gevecht, enz.)	incident (m)	[ɛ̃sidɑ̃]
gevecht (het)	bagarre (f)	[bagar]
Help!	Au secours!	[osəkur]
slachtoffer (het)	victime (f)	[viktim]

beschadigen (ww)	endommager (vt)	[ɑ̃dɔmaʒe]
schade (de)	dommage (m)	[dɔmaʒ]
lijk (het)	cadavre (m)	[kadavr]
zwaar (~ misdrijf)	grave (adj)	[grav]
aanvallen (ww)	attaquer (vt)	[atake]

T&F Books. Thematische woordenschat Nederlands-Frans - 5000 woorden

slaan (iemand ~)	battre (vt)	[batr]
in elkaar slaan (toetakelen)	passer à tabac	[pɑse a taba]
ontnemen (beroven)	prendre (vt)	[prɑ̃dr]
steken (met een mes)	poignarder (vt)	[pwaɲarde]
verminken (ww)	mutiler (vt)	[mytile]
verwonden (ww)	blesser (vt)	[blese]

chantage (de)	chantage (m)	[ʃɑ̃taʒ]
chanteren (ww)	faire chanter	[fɛr ʃɑ̃te]
chanteur (de)	maître (m) chanteur	[mɛtr ʃɑ̃tœr]

afpersing (de)	racket (m) de protection	[rakɛt də prɔtɛksjɔ̃]
afperser (de)	racketteur (m)	[rakɛtœr]
gangster (de)	gangster (m)	[gɑ̃gstɛr]
maffia (de)	mafia (f)	[mafja]

kruimeldief (de)	pickpocket (m)	[pikpɔkɛt]
inbreker (de)	cambrioleur (m)	[kɑ̃brijɔlœr]
smokkelen (het)	contrebande (f)	[kɔ̃trəbɑ̃d]
smokkelaar (de)	contrebandier (m)	[kɔ̃trəbɑ̃dje]

namaak (de)	contrefaçon (f)	[kɔ̃trəfasɔ̃]
namaken (ww)	falsifier (vt)	[falsifje]
namaak-, vals (bn)	faux (adj)	[fo]

119. De wet overtreden. Criminelen. Deel 2

verkrachting (de)	viol (m)	[vjɔl]
verkrachten (ww)	violer (vt)	[vjɔle]
verkrachter (de)	violeur (m)	[vjɔlœr]
maniak (de)	maniaque (m)	[manjak]

prostituee (de)	prostituée (f)	[prɔstitɥe]
prostitutie (de)	prostitution (f)	[prɔstitysjɔ̃]
pooier (de)	souteneur (m)	[sutnœr]

drugsverslaafde (de)	drogué (m)	[drɔge]
drugshandelaar (de)	trafiquant (m) de drogue	[trafikɑ̃ də drɔg]

opblazen (ww)	faire exploser	[fɛr ɛksploze]
explosie (de)	explosion (f)	[ɛksplozjɔ̃]
in brand steken (ww)	mettre feu	[mɛtr fø]
brandstichter (de)	incendiaire (m)	[ɛ̃sɑ̃djɛr]

terrorisme (het)	terrorisme (m)	[tɛrɔrism]
terrorist (de)	terroriste (m)	[tɛrɔrist]
gijzelaar (de)	otage (m)	[ɔtaʒ]

bedriegen (ww)	escroquer (vt)	[ɛskrɔke]
bedrog (het)	escroquerie (f)	[ɛskrɔkri]
oplichter (de)	escroc (m)	[ɛskro]

omkopen (ww)	soudoyer (vt)	[sudwaje]
omkoperij (de)	corruption (f)	[kɔrypsjɔ̃]

smeergeld (het)	pot-de-vin (m)	[podvɛ̃]
vergif (het)	poison (m)	[pwazɔ̃]
vergiftigen (ww)	empoisonner (vt)	[ɑ̃pwazɔne]
vergif innemen (ww)	s'empoisonner (vp)	[sɑ̃pwazɔne]
zelfmoord (de)	suicide (m)	[sɥisid]
zelfmoordenaar (de)	suicidé (m)	[sɥiside]
bedreigen	menacer (vt)	[mənase]
(bijv. met een pistool)		
bedreiging (de)	menace (f)	[mənas]
een aanslag plegen	attenter (vt)	[atɑ̃te]
aanslag (de)	attentat (m)	[atɑ̃ta]
stelen (een auto)	voler (vt)	[vɔle]
kapen (een vliegtuig)	détourner (vt)	[deturne]
wraak (de)	vengeance (f)	[vɑ̃ʒɑ̃s]
wreken (ww)	se venger (vp)	[sə vɑ̃ʒe]
martelen (gevangenen)	torturer (vt)	[tɔrtyre]
foltering (de)	torture (f)	[tɔrtyr]
folteren (ww)	tourmenter (vt)	[turmɑ̃te]
piraat (de)	pirate (m)	[pirat]
straatschender (de)	voyou (m)	[vwaju]
gewapend (bn)	armé (adj)	[arme]
geweld (het)	violence (f)	[vjɔlɑ̃s]
onwettig (strafbaar)	illégal (adj)	[ilegal]
spionage (de)	espionnage (m)	[ɛspjɔnaʒ]
spioneren (ww)	espionner (vt)	[ɛspjɔne]

120. Politie. Wet. Deel 1

gerecht (het)	justice (f)	[ʒystis]
gerechtshof (het)	tribunal (m)	[tribynal]
rechter (de)	juge (m)	[ʒyʒ]
jury (de)	jury (m)	[ʒyri]
juryrechtspraak (de)	cour (f) d'assises	[kur dasiz]
berechten (ww)	juger (vt)	[ʒyʒe]
advocaat (de)	avocat (m)	[avɔka]
beklaagde (de)	accusé (m)	[akyze]
beklaagdenbank (de)	banc (m) des accusés	[bɑ̃ dezakyze]
beschuldiging (de)	inculpation (f)	[ɛ̃kylpasjɔ̃]
beschuldigde (de)	inculpé (m)	[ɛ̃kylpe]
vonnis (het)	condamnation (f)	[kɔ̃danasjɔ̃]
veroordelen	condamner (vt)	[kɔ̃dane]
(in een rechtszaak)		
schuldige (de)	coupable (m)	[kupabl]

straffen (ww)	punir (vt)	[pynir]
bestraffing (de)	punition (f)	[pynisjɔ̃]
boete (de)	amende (f)	[amɑ̃d]
levenslange opsluiting (de)	détention (f) à vie	[detɑ̃sjɔ̃ a vi]
doodstraf (de)	peine (f) de mort	[pɛn də mɔr]
elektrische stoel (de)	chaise (f) électrique	[ʃɛz elɛktrik]
schavot (het)	potence (f)	[pɔtɑ̃s]
executeren (ww)	exécuter (vt)	[ɛgzekyte]
executie (de)	exécution (f)	[ɛgzekysjɔ̃]
gevangenis (de)	prison (f)	[prizɔ̃]
cel (de)	cellule (f)	[selyl]
konvooi (het)	escorte (f)	[ɛskɔrt]
gevangenisbewaker (de)	gardien (m) de prison	[gardjɛ̃ də prizɔ̃]
gedetineerde (de)	prisonnier (m)	[prizɔnje]
handboeien (mv.)	menottes (f pl)	[mənɔt]
handboeien omdoen	mettre les menottes	[mɛtr le mənɔt]
ontsnapping (de)	évasion (f)	[evazjɔ̃]
ontsnappen (ww)	s'évader (vp)	[sevade]
verdwijnen (ww)	disparaître (vi)	[disparɛtr]
vrijlaten (uit de gevangenis)	libérer (vt)	[libere]
amnestie (de)	amnistie (f)	[amnisti]
politie (de)	police (f)	[pɔlis]
politieagent (de)	policier (m)	[pɔlisje]
politiebureau (het)	commissariat (m) de police	[kɔmisarja də pɔlis]
knuppel (de)	matraque (f)	[matrak]
megafoon (de)	haut parleur (m)	[o parlœr]
patrouilleerwagen (de)	voiture (f) de patrouille	[vwatyr də patruj]
sirene (de)	sirène (f)	[sirɛn]
de sirene aansteken	enclencher la sirène	[ɑ̃klɑ̃ʃe la sirɛn]
geloei (het) van de sirene	hurlement (m) de la sirène	[yrləmɑ̃ dəla sirɛn]
plaats delict (de)	lieu (m) du crime	[ljø dy krim]
getuige (de)	témoin (m)	[temwɛ̃]
vrijheid (de)	liberté (f)	[libɛrte]
handlanger (de)	complice (m)	[kɔ̃plis]
ontvluchten (ww)	s'enfuir (vp)	[sɑ̃fɥir]
spoor (het)	trace (f)	[tras]

121. Politie. Wet. Deel 2

opsporing (de)	recherche (f)	[rəʃɛrʃ]
opsporen (ww)	rechercher (vt)	[rəʃɛrʃe]
verdenking (de)	suspicion (f)	[syspisjɔ̃]
verdacht (bn)	suspect (adj)	[syspɛ]
aanhouden (stoppen)	arrêter (vt)	[arete]
tegenhouden (ww)	détenir (vt)	[detnir]

strafzaak (de)	**affaire** (f)	[afɛr]
onderzoek (het)	**enquête** (f)	[ɑ̃kɛt]
detective (de)	**détective** (m)	[detɛktiv]
onderzoeksrechter (de)	**enquêteur** (m)	[ɑ̃kɛtœr]
versie (de)	**hypothèse** (f)	[ipɔtɛz]
motief (het)	**motif** (m)	[mɔtif]
verhoor (het)	**interrogatoire** (m)	[ɛ̃terɔgatwar]
ondervragen (door de politie)	**interroger** (vt)	[ɛ̃terɔʒe]
ondervragen (omstanders ~)	**interroger** (vt)	[ɛ̃terɔʒe]
controle (de)	**inspection** (f)	[ɛ̃spɛksjɔ̃]
razzia (de)	**rafle** (f)	[rafl]
huiszoeking (de)	**perquisition** (f)	[pɛrkizisjɔ̃]
achtervolging (de)	**poursuite** (f)	[pursɥit]
achtervolgen (ww)	**poursuivre** (vt)	[pursɥivr]
opsporen (ww)	**dépister** (vt)	[depiste]
arrest (het)	**arrestation** (f)	[arɛstasjɔ̃]
arresteren (ww)	**arrêter** (vt)	[arete]
vangen, aanhouden (een dief, enz.)	**attraper** (vt)	[atrape]
aanhouding (de)	**capture** (f)	[kaptyr]
document (het)	**document** (m)	[dɔkymɑ̃]
bewijs (het)	**preuve** (f)	[prœv]
bewijzen (ww)	**prouver** (vt)	[pruve]
voetspoor (het)	**empreinte** (f) **de pied**	[ɑ̃prɛ̃t də pje]
vingerafdrukken (mv.)	**empreintes** (f pl) **digitales**	[ɑ̃prɛ̃t diʒital]
bewijs (het)	**élément** (m) **de preuve**	[elemɑ̃ də prœv]
alibi (het)	**alibi** (m)	[alibi]
onschuldig (bn)	**innocent** (adj)	[inɔsɑ̃]
onrecht (het)	**injustice** (f)	[ɛ̃ʒystis]
onrechtvaardig (bn)	**injuste** (adj)	[ɛ̃ʒyst]
crimineel (bn)	**criminel** (adj)	[kriminɛl]
confisqueren (in beslag nemen)	**confisquer** (vt)	[kɔ̃fiske]
drug (de)	**drogue** (f)	[drɔg]
wapen (het)	**arme** (f)	[arm]
ontwapenen (ww)	**désarmer** (vt)	[dezarme]
bevelen (ww)	**ordonner** (vt)	[ɔrdɔne]
verdwijnen (ww)	**disparaître** (vi)	[disparɛtr]
wet (de)	**loi** (f)	[lwa]
wettelijk (bn)	**légal** (adj)	[legal]
onwettelijk (bn)	**illégal** (adj)	[ilegal]
verantwoordelijkheid (de)	**responsabilité** (f)	[rɛspɔ̃sabilite]
verantwoordelijk (bn)	**responsable** (adj)	[rɛspɔ̃sabl]

NATUUR

De Aarde. Deel 1

122. De kosmische ruimte

kosmos (de)	cosmos (m)	[kɔsmos]
kosmisch (bn)	cosmique (adj)	[kɔsmik]
kosmische ruimte (de)	espace (m) cosmique	[ɛspas kɔsmik]
wereld (de), heelal (het)	univers (m)	[ynivɛr]
wereld (de)	monde (m)	[mɔ̃d]
sterrenstelsel (het)	galaxie (f)	[galaksi]
ster (de)	étoile (f)	[etwal]
sterrenbeeld (het)	constellation (f)	[kɔ̃stelasjɔ̃]
planeet (de)	planète (f)	[planɛt]
satelliet (de)	satellite (m)	[satelit]
meteoriet (de)	météorite (m)	[meteɔrit]
komeet (de)	comète (f)	[kɔmɛt]
asteroïde (de)	astéroïde (m)	[asterɔid]
baan (de)	orbite (f)	[ɔrbit]
draaien (om de zon, enz.)	tourner (vi)	[turne]
atmosfeer (de)	atmosphère (f)	[atmɔsfɛr]
Zon (de)	Soleil (m)	[sɔlɛj]
zonnestelsel (het)	système (m) solaire	[sistɛm sɔlɛr]
zonsverduistering (de)	éclipse (f) de soleil	[leklips də sɔlɛj]
Aarde (de)	Terre (f)	[tɛr]
Maan (de)	Lune (f)	[lyn]
Mars (de)	Mars (m)	[mars]
Venus (de)	Vénus (f)	[venys]
Jupiter (de)	Jupiter (m)	[ʒypitɛr]
Saturnus (de)	Saturne (m)	[satyrn]
Mercurius (de)	Mercure (m)	[mɛrkyr]
Uranus (de)	Uranus (m)	[yranys]
Neptunus (de)	Neptune	[nɛptyn]
Pluto (de)	Pluton (m)	[plytɔ̃]
Melkweg (de)	la Voie Lactée	[la vwa lakte]
Grote Beer (de)	la Grande Ours	[la grɑ̃d urs]
Poolster (de)	la Polaire	[la pɔlɛr]
marsmannetje (het)	martien (m)	[marsjɛ̃]
buitenaards wezen (het)	extraterrestre (m)	[ɛkstratɛrɛstr]

bovenaards (het)	alien (m)	[aljɛn]
vliegende schotel (de)	soucoupe (f) volante	[sukup vɔlɑ̃t]

ruimtevaartuig (het)	vaisseau (m) spatial	[vɛso spasjal]
ruimtestation (het)	station (f) orbitale	[stasjɔ̃ ɔrbital]
start (de)	lancement (m)	[lɑ̃smɑ̃]

motor (de)	moteur (m)	[mɔtœr]
straalpijp (de)	tuyère (f)	[tyjɛr]
brandstof (de)	carburant (m)	[karbyrɑ̃]

cabine (de)	cabine (f)	[kabin]
antenne (de)	antenne (f)	[ɑ̃tɛn]
patrijspoort (de)	hublot (m)	[yblo]
zonnebatterij (de)	batterie (f) solaire	[batri sɔlɛr]
ruimtepak (het)	scaphandre (m)	[skafɑ̃dr]

gewichtloosheid (de)	apesanteur (f)	[apəzɑ̃tœr]
zuurstof (de)	oxygène (m)	[ɔksiʒɛn]

koppeling (de)	arrimage (m)	[arimaʒ]
koppeling maken	s'arrimer à …	[sarime a]

observatorium (het)	observatoire (m)	[ɔpsɛrvatwar]
telescoop (de)	télescope (m)	[teleskɔp]
waarnemen (ww)	observer (vt)	[ɔpsɛrve]
exploreren (ww)	explorer (vt)	[ɛksplɔre]

123. De Aarde

Aarde (de)	Terre (f)	[tɛr]
aardbol (de)	globe (m) terrestre	[glɔb tɛrɛstr]
planeet (de)	planète (f)	[planɛt]

atmosfeer (de)	atmosphère (f)	[atmɔsfɛr]
aardrijkskunde (de)	géographie (f)	[ʒeɔgrafi]
natuur (de)	nature (f)	[natyr]

wereldbol (de)	globe (m) de table	[glɔb də tabl]
kaart (de)	carte (f)	[kart]
atlas (de)	atlas (m)	[atlas]

Europa (het)	Europe (f)	[ørɔp]
Azië (het)	Asie (f)	[azi]

Afrika (het)	Afrique (f)	[afrik]
Australië (het)	Australie (f)	[ostrali]

Amerika (het)	Amérique (f)	[amerik]
Noord-Amerika (het)	Amérique (f) du Nord	[amerik dy nɔr]
Zuid-Amerika (het)	Amérique (f) du Sud	[amerik dy syd]

Antarctica (het)	l'Antarctique (m)	[lɑ̃tarktik]
Arctis (de)	l'Arctique (m)	[larktik]

124. Windrichtingen

noorden (het)	nord (m)	[nɔr]
naar het noorden	vers le nord	[vɛr lə nɔr]
in het noorden	au nord	[onɔr]
noordelijk (bn)	du nord (adj)	[dy nɔr]
zuiden (het)	sud (m)	[syd]
naar het zuiden	vers le sud	[vɛr lə syd]
in het zuiden	au sud	[osyd]
zuidelijk (bn)	du sud (adj)	[dy syd]
westen (het)	ouest (m)	[wɛst]
naar het westen	vers l'occident	[vɛr lɔksidɑ̃]
in het westen	à l'occident	[alɔksidɑ̃]
westelijk (bn)	occidental (adj)	[ɔksidɑ̃tal]
oosten (het)	est (m)	[ɛst]
naar het oosten	vers l'orient	[vɛr lɔrjɑ̃]
in het oosten	à l'orient	[alɔrjɑ̃]
oostelijk (bn)	oriental (adj)	[ɔrjɑ̃tal]

125. Zee. Oceaan

zee (de)	mer (f)	[mɛr]
oceaan (de)	océan (m)	[ɔseɑ̃]
golf (baai)	golfe (m)	[gɔlf]
straat (de)	détroit (m)	[detrwa]
grond (vaste grond)	terre (f) ferme	[tɛr fɛrm]
continent (het)	continent (m)	[kɔ̃tinɑ̃]
eiland (het)	île (f)	[il]
schiereiland (het)	presqu'île (f)	[prɛskil]
archipel (de)	archipel (m)	[arʃipɛl]
baai, bocht (de)	baie (f)	[bɛ]
haven (de)	port (m)	[pɔr]
lagune (de)	lagune (f)	[lagyn]
kaap (de)	cap (m)	[kap]
atol (de)	atol (m)	[atɔl]
rif (het)	récif (m)	[resif]
koraal (het)	corail (m)	[kɔraj]
koraalrif (het)	récif (m) de corail	[resif də kɔraj]
diep (bn)	profond (adj)	[prɔfɔ̃]
diepte (de)	profondeur (f)	[prɔfɔ̃dœr]
diepzee (de)	abîme (m)	[abim]
trog (bijv. Marianentrog)	fosse (f) océanique	[fos ɔseanik]
stroming (de)	courant (m)	[kurɑ̃]
omspoelen (ww)	baigner (vt)	[beɲe]
oever (de)	littoral (m)	[litɔral]

kust (de)	côte (f)	[kot]
vloed (de)	marée (f) haute	[mare ot]
eb (de)	marée (f) basse	[mare bas]
ondiepte (ondiep water)	banc (m) de sable	[bɑ̃ də sabl]
bodem (de)	fond (m)	[fɔ̃]
golf (hoge ~)	vague (f)	[vag]
golfkam (de)	crête (f) de la vague	[krɛt də la vag]
schuim (het)	mousse (f)	[mus]
storm (de)	tempête (f) en mer	[tɑ̃pɛt ɑ̃mɛr]
orkaan (de)	ouragan (m)	[uragɑ̃]
tsunami (de)	tsunami (m)	[tsynami]
windstilte (de)	calme (m)	[kalm]
kalm (bijv. ~e zee)	calme (adj)	[kalm]
pool (de)	pôle (m)	[pol]
polair (bn)	polaire (adj)	[pɔlɛr]
breedtegraad (de)	latitude (f)	[latityd]
lengtegraad (de)	longitude (f)	[lɔ̃ʒityd]
parallel (de)	parallèle (f)	[paralɛl]
evenaar (de)	équateur (m)	[ekwatœr]
hemel (de)	ciel (m)	[sjɛl]
horizon (de)	horizon (m)	[ɔrizɔ̃]
lucht (de)	air (m)	[ɛr]
vuurtoren (de)	phare (m)	[far]
duiken (ww)	plonger (vi)	[plɔ̃ʒe]
zinken (ov. een boot)	sombrer (vi)	[sɔ̃bre]
schatten (mv.)	trésor (m)	[trezɔr]

126. Namen van zeeën en oceanen

Atlantische Oceaan (de)	océan (m) Atlantique	[ɔsean atlɑ̃tik]
Indische Oceaan (de)	océan (m) Indien	[ɔsean ɛ̃djɛ̃]
Stille Oceaan (de)	océan (m) Pacifique	[ɔseɑ̃ pasifik]
Noordelijke IJszee (de)	océan (m) Glacial	[ɔseɑ̃ glasjal]
Zwarte Zee (de)	mer (f) Noire	[mɛr nwar]
Rode Zee (de)	mer (f) Rouge	[mɛr ruʒ]
Gele Zee (de)	mer (f) Jaune	[mɛr ʒon]
Witte Zee (de)	mer (f) Blanche	[mɛr blɑ̃ʃ]
Kaspische Zee (de)	mer (f) Caspienne	[mɛr kaspjɛn]
Dode Zee (de)	mer (f) Morte	[mɛr mɔrt]
Middellandse Zee (de)	mer (f) Méditerranée	[mɛr mediterane]
Egeïsche Zee (de)	mer (f) Égée	[mɛr eʒe]
Adriatische Zee (de)	mer (f) Adriatique	[mɛr adrijatik]
Arabische Zee (de)	mer (f) Arabique	[mɛr arabik]
Japanse Zee (de)	mer (f) du Japon	[mɛr dy ʒapɔ̃]

Beringzee (de)	mer (f) de Béring	[mɛr də beriŋ]
Zuid-Chinese Zee (de)	mer (f) de Chine Méridionale	[mɛr də ʃin meridjɔnal]
Koraalzee (de)	mer (f) de Corail	[mɛr də kɔraj]
Tasmanzee (de)	mer (f) de Tasman	[mɛr də tasman]
Caribische Zee (de)	mer (f) Caraïbe	[mɛr karaib]
Barentszzee (de)	mer (f) de Barents	[mɛr də barɛ̃s]
Karische Zee (de)	mer (f) de Kara	[mɛr də kara]
Noordzee (de)	mer (f) du Nord	[mɛr dy nɔr]
Baltische Zee (de)	mer (f) Baltique	[mɛr baltik]
Noorse Zee (de)	mer (f) de Norvège	[mɛr də nɔrvɛʒ]

127. Bergen

berg (de)	montagne (f)	[mɔ̃taɲ]
bergketen (de)	chaîne (f) de montagnes	[ʃɛn də mɔ̃taɲ]
gebergte (het)	crête (f)	[krɛt]
bergtop (de)	sommet (m)	[sɔmɛ]
bergpiek (de)	pic (m)	[pik]
voet (ov. de berg)	pied (m)	[pje]
helling (de)	pente (f)	[pɑ̃t]
vulkaan (de)	volcan (m)	[vɔlkɑ̃]
actieve vulkaan (de)	volcan (m) actif	[vɔlkɑ̃ aktif]
uitgedoofde vulkaan (de)	volcan (m) éteint	[vɔlkɑ̃ etɛ̃]
uitbarsting (de)	éruption (f)	[erypsjɔ̃]
krater (de)	cratère (m)	[kratɛr]
magma (het)	magma (m)	[magma]
lava (de)	lave (f)	[lav]
gloeiend (~e lava)	en fusion	[ɑ̃ fyzjɔ̃]
kloof (canyon)	canyon (m)	[kaɲɔ̃]
bergkloof (de)	défilé (m)	[defile]
spleet (de)	crevasse (f)	[krəvas]
afgrond (de)	précipice (m)	[presipis]
bergpas (de)	col (m)	[kɔl]
plateau (het)	plateau (m)	[plato]
klip (de)	rocher (m)	[rɔʃe]
heuvel (de)	colline (f)	[kɔlin]
gletsjer (de)	glacier (m)	[glasje]
waterval (de)	chute (f) d'eau	[ʃyt do]
geiser (de)	geyser (m)	[ʒɛzɛr]
meer (het)	lac (m)	[lak]
vlakte (de)	plaine (f)	[plɛn]
landschap (het)	paysage (m)	[peizaʒ]
echo (de)	écho (m)	[eko]
alpinist (de)	alpiniste (m)	[alpinist]

bergbeklimmer (de)	varappeur (m)	[varapœr]
trotseren (berg ~)	conquérir (vt)	[kɔ̃kerir]
beklimming (de)	ascension (f)	[asɑ̃sjɔ̃]

128. Bergen namen

Alpen (de)	Alpes (f pl)	[alp]
Mont Blanc (de)	Mont Blanc (m)	[mɔ̃blɑ̃]
Pyreneeën (de)	Pyrénées (f pl)	[pirene]

Karpaten (de)	Carpates (f pl)	[karpat]
Oeralgebergte (het)	Monts Oural (m pl)	[mɔ̃ ural]
Kaukasus (de)	Caucase (m)	[kokaz]
Elbroes (de)	Elbrous (m)	[ɛlbrys]

Altaj (de)	Altaï (m)	[altaj]
Tiensjan (de)	Tian Chan (m)	[tjɑ̃ ʃɑ̃]
Pamir (de)	Pamir (m)	[pamir]
Himalaya (de)	Himalaya (m)	[imalaja]
Everest (de)	Everest (m)	[evrɛst]

| Andes (de) | Andes (f pl) | [ɑ̃d] |
| Kilimanjaro (de) | Kilimandjaro (m) | [kilimɑ̃dʒaro] |

129. Rivieren

rivier (de)	rivière (f), fleuve (m)	[rivjɛr], [flœv]
bron (~ van een rivier)	source (f)	[surs]
rivierbedding (de)	lit (m)	[li]
rivierbekken (het)	bassin (m)	[basɛ̃]
uitmonden in ...	se jeter dans ...	[sə ʒəte dɑ̃]

| zijrivier (de) | affluent (m) | [aflyɑ̃] |
| oever (de) | rive (f) | [riv] |

stroming (de)	courant (m)	[kurɑ̃]
stroomafwaarts (bw)	en aval	[ɑn aval]
stroomopwaarts (bw)	en amont	[ɑn amɔ̃]

overstroming (de)	inondation (f)	[inɔ̃dasjɔ̃]
overstroming (de)	les grandes crues	[le grɑ̃d kry]
buiten zijn oevers treden	déborder (vt)	[debɔrde]
overstromen (ww)	inonder (vt)	[inɔ̃de]

| zandbank (de) | bas-fond (m) | [bafɔ̃] |
| stroomversnelling (de) | rapide (m) | [rapid] |

dam (de)	barrage (m)	[baraʒ]
kanaal (het)	canal (m)	[kanal]
spaarbekken (het)	lac (m) de barrage	[lak də baraʒ]
sluis (de)	écluse (f)	[eklyz]
waterlichaam (het)	plan (m) d'eau	[plɑ̃ do]

moeras (het)	marais (m)	[marɛ]
broek (het)	fondrière (f)	[fɔ̃drijɛr]
draaikolk (de)	tourbillon (m)	[turbijɔ̃]
stroom (de)	ruisseau (m)	[rɥiso]
drink- (abn)	potable (adj)	[pɔtabl]
zoet (~ water)	douce (adj)	[dus]
IJs (het)	glace (f)	[glas]
bevriezen (rivier, enz.)	être gelé	[ɛtr ʒəle]

130. Namen van rivieren

Seine (de)	Seine (f)	[sɛn]
Loire (de)	Loire (f)	[lwar]
Theems (de)	Tamise (f)	[tamiz]
Rijn (de)	Rhin (m)	[rɛ̃]
Donau (de)	Danube (m)	[danyb]
Wolga (de)	Volga (f)	[vɔlga]
Don (de)	Don (m)	[dɔ̃]
Lena (de)	Lena (f)	[lena]
Gele Rivier (de)	Huang He (m)	[waŋ e]
Blauwe Rivier (de)	Yangzi Jiang (m)	[jãgzijãg]
Mekong (de)	Mékong (m)	[mekɔ̃g]
Ganges (de)	Gange (m)	[gãʒ]
Nijl (de)	Nil (m)	[nil]
Kongo (de)	Congo (m)	[kɔ̃go]
Okavango (de)	Okavango (m)	[ɔkavangɔ]
Zambezi (de)	Zambèze (m)	[zãbɛz]
Limpopo (de)	Limpopo (m)	[limpɔpo]
Mississippi (de)	Mississippi (m)	[misisipi]

131. Bos

bos (het)	forêt (f)	[fɔrɛ]
bos- (abn)	forestier (adj)	[fɔrɛstje]
oerwoud (dicht bos)	fourré (m)	[fure]
bosje (klein bos)	bosquet (m)	[bɔskɛ]
open plek (de)	clairière (f)	[klɛrjɛr]
struikgewas (het)	broussailles (f pl)	[brusaj]
struiken (mv.)	taillis (m)	[taji]
paadje (het)	sentier (m)	[sãtje]
ravijn (het)	ravin (m)	[ravɛ̃]
boom (de)	arbre (m)	[arbr]
blad (het)	feuille (f)	[fœj]

gebladerte (het)	feuillage (m)	[fœjaʒ]
vallende bladeren (mv.)	chute (f) de feuilles	[ʃyt də fœj]
vallen (ov. de bladeren)	tomber (vi)	[tɔ̃be]
boomtop (de)	sommet (m)	[sɔmɛ]
tak (de)	rameau (m)	[ramo]
ent (de)	branche (f)	[brɑ̃ʃ]
knop (de)	bourgeon (m)	[burʒɔ̃]
naald (de)	aiguille (f)	[eɡɥij]
dennenappel (de)	pomme (f) de pin	[pɔm də pɛ̃]
boom holte (de)	creux (m)	[krø]
nest (het)	nid (m)	[ni]
hol (het)	terrier (m)	[tɛrje]
stam (de)	tronc (m)	[trɔ̃]
wortel (bijv. boom~s)	racine (f)	[rasin]
schors (de)	écorce (f)	[ekɔrs]
mos (het)	mousse (f)	[mus]
ontwortelen (een boom)	déraciner (vt)	[derasine]
kappen (een boom ~)	abattre (vt)	[abatr]
ontbossen (ww)	déboiser (vt)	[debwaze]
stronk (de)	souche (f)	[suʃ]
kampvuur (het)	feu (m) de bois	[fø də bwa]
bosbrand (de)	incendie (m)	[ɛ̃sɑ̃di]
blussen (ww)	éteindre (vt)	[etɛ̃dr]
boswachter (de)	garde (m) forestier	[gard fɔrɛstje]
bescherming (de)	protection (f)	[prɔtɛksjɔ̃]
beschermen (bijv. de natuur ~)	protéger (vt)	[prɔteʒe]
stroper (de)	braconnier (m)	[brakɔnje]
val (de)	piège (m) à mâchoires	[pjɛʒ a maʃwar]
plukken (vruchten, enz.)	cueillir (vt)	[kœjir]
verdwalen (de weg kwijt zijn)	s'égarer (vp)	[segare]

132. Natuurlijke hulpbronnen

natuurlijke rijkdommen (mv.)	ressources (f pl) naturelles	[rəsurs natyrɛl]
delfstoffen (mv.)	minéraux (m pl)	[minero]
lagen (mv.)	gisement (m)	[ʒizmɑ̃]
veld (bijv. olie~)	champ (m)	[ʃɑ̃]
winnen (uit erts ~)	extraire (vt)	[ɛkstrɛr]
winning (de)	extraction (f)	[ɛkstraksjɔ̃]
erts (het)	minerai (m)	[minrɛ]
mijn (bijv. kolenmijn)	mine (f)	[min]
mijnschacht (de)	puits (m) de mine	[pɥi də min]
mijnwerker (de)	mineur (m)	[minœr]
gas (het)	gaz (m)	[gaz]
gasleiding (de)	gazoduc (m)	[gazɔdyk]

olie (aardolie)	pétrole (m)	[petrɔl]
olieleiding (de)	pipeline (m)	[piplin]
oliebron (de)	tour (f) de forage	[tur də fɔraʒ]
boortoren (de)	derrick (m)	[derik]
tanker (de)	pétrolier (m)	[petrɔlje]
zand (het)	sable (m)	[sabl]
kalksteen (de)	calcaire (m)	[kalkɛr]
grind (het)	gravier (m)	[gravje]
veen (het)	tourbe (f)	[turb]
klei (de)	argile (f)	[arʒil]
steenkool (de)	charbon (m)	[ʃarbɔ̃]
IJzer (het)	fer (m)	[fɛr]
goud (het)	or (m)	[ɔr]
zilver (het)	argent (m)	[arʒɑ̃]
nikkel (het)	nickel (m)	[nikɛl]
koper (het)	cuivre (m)	[kɥivr]
zink (het)	zinc (m)	[zɛ̃g]
mangaan (het)	manganèse (m)	[mɑ̃ganɛz]
kwik (het)	mercure (m)	[mɛrkyr]
lood (het)	plomb (m)	[plɔ̃]
mineraal (het)	minéral (m)	[mineral]
kristal (het)	cristal (m)	[kristal]
marmer (het)	marbre (m)	[marbr]
uraan (het)	uranium (m)	[yranjɔm]

De Aarde. Deel 2

133. Weer

weer (het)	temps (m)	[tã]
weersvoorspelling (de)	météo (f)	[meteo]
temperatuur (de)	température (f)	[tãperatyr]
thermometer (de)	thermomètre (m)	[tɛrmɔmɛtr]
barometer (de)	baromètre (m)	[barɔmɛtr]
vochtig (bn)	humide (adj)	[ymid]
vochtigheid (de)	humidité (f)	[ymidite]
hitte (de)	chaleur (f)	[ʃalœr]
heet (bn)	torride (adj)	[tɔrid]
het is heet	il fait très chaud	[il fɛ trɛ ʃo]
het is warm	il fait chaud	[il fɛʃo]
warm (bn)	chaud (adj)	[ʃo]
het is koud	il fait froid	[il fɛ frwa]
koud (bn)	froid (adj)	[frwa]
zon (de)	soleil (m)	[sɔlɛj]
schijnen (de zon)	briller (vi)	[brije]
zonnig (~e dag)	ensoleillé (adj)	[ãsɔleje]
opgaan (ov. de zon)	se lever (vp)	[sə ləve]
ondergaan (ww)	se coucher (vp)	[sə kuʃe]
wolk (de)	nuage (m)	[nɥaʒ]
bewolkt (bn)	nuageux (adj)	[nɥaʒø]
regenwolk (de)	nuée (f)	[nɥe]
somber (bn)	sombre (adj)	[sõbr]
regen (de)	pluie (f)	[plɥi]
het regent	il pleut	[il plø]
regenachtig (bn)	pluvieux (adj)	[plyvjø]
motregenen (ww)	bruiner (v imp)	[brɥine]
plensbui (de)	pluie (f) torrentielle	[plɥi tɔrãsjɛl]
stortbui (de)	averse (f)	[avɛrs]
hard (bn)	forte (adj)	[fɔrt]
plas (de)	flaque (f)	[flak]
nat worden (ww)	se faire mouiller	[sə fɛr muje]
mist (de)	brouillard (m)	[brujar]
mistig (bn)	brumeux (adj)	[brymø]
sneeuw (de)	neige (f)	[nɛʒ]
het sneeuwt	il neige	[il nɛʒ]

134. Zwaar weer. Natuurrampen

noodweer (storm)	orage (m)	[ɔraʒ]
bliksem (de)	éclair (m)	[eklɛr]
flitsen (ww)	éclater (vi)	[eklate]

donder (de)	tonnerre (m)	[tɔnɛr]
donderen (ww)	gronder (vi)	[grɔ̃de]
het dondert	le tonnerre gronde	[lə tɔnɛr grɔ̃d]

| hagel (de) | grêle (f) | [grɛl] |
| het hagelt | il grêle | [il grɛl] |

| overstromen (ww) | inonder (vt) | [inɔ̃de] |
| overstroming (de) | inondation (f) | [inɔ̃dasjɔ̃] |

aardbeving (de)	tremblement (m) de terre	[trãbləmã də tɛr]
aardschok (de)	secousse (f)	[səkus]
epicentrum (het)	épicentre (m)	[episãtr]

| uitbarsting (de) | éruption (f) | [erypsjɔ̃] |
| lava (de) | lave (f) | [lav] |

wervelwind (de)	tourbillon (m)	[turbijɔ̃]
windhoos (de)	tornade (f)	[tɔrnad]
tyfoon (de)	typhon (m)	[tifɔ̃]

orkaan (de)	ouragan (m)	[uragã]
storm (de)	tempête (f)	[tãpɛt]
tsunami (de)	tsunami (m)	[tsynami]

cycloon (de)	cyclone (m)	[siklon]
onweer (het)	intempéries (f pl)	[ɛ̃tãperi]
brand (de)	incendie (m)	[ɛ̃sãdi]
ramp (de)	catastrophe (f)	[katastrɔf]
meteoriet (de)	météorite (m)	[meteorit]

lawine (de)	avalanche (f)	[avalãʃ]
sneeuwverschuiving (de)	éboulement (m)	[ebulmã]
sneeuwjacht (de)	blizzard (m)	[blizar]
sneeuwstorm (de)	tempête (f) de neige	[tãpɛt də nɛʒ]

Fauna

135. Zoogdieren. Roofdieren

roofdier (het)	prédateur (m)	[predatœr]
tijger (de)	tigre (m)	[tigr]
leeuw (de)	lion (m)	[ljɔ̃]
wolf (de)	loup (m)	[lu]
vos (de)	renard (m)	[rənar]
jaguar (de)	jaguar (m)	[ʒagwar]
luipaard (de)	léopard (m)	[leɔpar]
jachtluipaard (de)	guépard (m)	[gepar]
panter (de)	panthère (f)	[pɑ̃tɛr]
poema (de)	puma (m)	[pyma]
sneeuwluipaard (de)	léopard (m) de neiges	[leɔpar də nɛʒ]
lynx (de)	lynx (m)	[lɛ̃ks]
coyote (de)	coyote (m)	[kɔjɔt]
jakhals (de)	chacal (m)	[ʃakal]
hyena (de)	hyène (f)	[jɛn]

136. Wilde dieren

dier (het)	animal (m)	[animal]
beest (het)	bête (f)	[bɛt]
eekhoorn (de)	écureuil (m)	[ekyrœj]
egel (de)	hérisson (m)	[erisɔ̃]
haas (de)	lièvre (m)	[ljɛvr]
konijn (het)	lapin (m)	[lapɛ̃]
das (de)	blaireau (m)	[blɛro]
wasbeer (de)	raton (m)	[ratɔ̃]
hamster (de)	hamster (m)	[amstɛr]
marmot (de)	marmotte (f)	[marmɔt]
mol (de)	taupe (f)	[top]
muis (de)	souris (f)	[suri]
rat (de)	rat (m)	[ra]
vleermuis (de)	chauve-souris (f)	[ʃovsuri]
hermelijn (de)	hermine (f)	[ɛrmin]
sabeldier (het)	zibeline (f)	[ziblin]
marter (de)	martre (f)	[martr]
wezel (de)	belette (f)	[bəlɛt]
nerts (de)	vison (m)	[vizɔ̃]

bever (de)	castor (m)	[kastɔr]
otter (de)	loutre (f)	[lutr]
paard (het)	cheval (m)	[ʃəval]
eland (de)	élan (m)	[elã]
hert (het)	cerf (m)	[sɛr]
kameel (de)	chameau (m)	[ʃamo]
bizon (de)	bison (m)	[bizɔ̃]
oeros (de)	aurochs (m)	[orɔk]
buffel (de)	buffle (m)	[byfl]
zebra (de)	zèbre (m)	[zɛbr]
antilope (de)	antilope (f)	[ãtilɔp]
ree (de)	chevreuil (m)	[ʃəvrœj]
damhert (het)	biche (f)	[biʃ]
gems (de)	chamois (m)	[ʃamwa]
everzwijn (het)	sanglier (m)	[sãglije]
walvis (de)	baleine (f)	[balɛn]
rob (de)	phoque (m)	[fɔk]
walrus (de)	morse (m)	[mɔrs]
zeehond (de)	ours (m) de mer	[urs də mɛr]
dolfijn (de)	dauphin (m)	[dofɛ̃]
beer (de)	ours (m)	[urs]
IJsbeer (de)	ours (m) blanc	[urs blã]
panda (de)	panda (m)	[pãda]
aap (de)	singe (m)	[sɛ̃ʒ]
chimpansee (de)	chimpanzé (m)	[ʃɛ̃pãze]
orang-oetan (de)	orang-outang (m)	[ɔrãutã]
gorilla (de)	gorille (m)	[gɔrij]
makaak (de)	macaque (m)	[makak]
gibbon (de)	gibbon (m)	[ʒibɔ̃]
olifant (de)	éléphant (m)	[elefã]
neushoorn (de)	rhinocéros (m)	[rinɔserɔs]
giraffe (de)	girafe (f)	[ʒiraf]
nijlpaard (het)	hippopotame (m)	[ipɔpɔtam]
kangoeroe (de)	kangourou (m)	[kãguru]
koala (de)	koala (m)	[kɔala]
mangoest (de)	mangouste (f)	[mãgust]
chinchilla (de)	chinchilla (m)	[ʃɛ̃ʃila]
stinkdier (het)	mouffette (f)	[mufɛt]
stekelvarken (het)	porc-épic (m)	[pɔrkepik]

137. Huisdieren

poes (de)	chat (m)	[ʃa]
kater (de)	chat (m)	[ʃa]
hond (de)	chien (m)	[ʃjɛ̃]

paard (het)	cheval (m)	[ʃeval]
hengst (de)	étalon (m)	[etalɔ̃]
merrie (de)	jument (f)	[ʒymɑ̃]
koe (de)	vache (f)	[vaʃ]
stier (de)	taureau (m)	[tɔro]
os (de)	bœuf (m)	[bœf]
schaap (het)	brebis (f)	[brəbi]
ram (de)	mouton (m)	[mutɔ̃]
geit (de)	chèvre (f)	[ʃɛvr]
bok (de)	bouc (m)	[buk]
ezel (de)	âne (m)	[ɑn]
muilezel (de)	mulet (m)	[mylɛ]
varken (het)	cochon (m)	[kɔʃɔ̃]
biggetje (het)	pourceau (m)	[purso]
konijn (het)	lapin (m)	[lapɛ̃]
kip (de)	poule (f)	[pul]
haan (de)	coq (m)	[kɔk]
eend (de)	canard (m)	[kanar]
woerd (de)	canard (m) mâle	[kanar mal]
gans (de)	oie (f)	[wa]
kalkoen haan (de)	dindon (m)	[dɛ̃dɔ̃]
kalkoen (de)	dinde (f)	[dɛ̃d]
huisdieren (mv.)	animaux (m pl) domestiques	[animo dɔmɛstik]
tam (bijv. hamster)	apprivoisé (adj)	[aprivwaze]
temmen (tam maken)	apprivoiser (vt)	[aprivwaze]
fokken (bijv. paarden ~)	élever (vt)	[elve]
boerderij (de)	ferme (f)	[fɛrm]
gevogelte (het)	volaille (f)	[vɔlaj]
rundvee (het)	bétail (m)	[betaj]
kudde (de)	troupeau (m)	[trupo]
paardenstal (de)	écurie (f)	[ekyri]
zwijnenstal (de)	porcherie (f)	[pɔrʃəri]
koeienstal (de)	vacherie (f)	[vaʃri]
konijnenhok (het)	cabane (f) à lapins	[kaban ɑ lapɛ̃]
kippenhok (het)	poulailler (m)	[pulaje]

138. Vogels

vogel (de)	oiseau (m)	[wazo]
duif (de)	pigeon (m)	[piʒɔ̃]
mus (de)	moineau (m)	[mwano]
koolmees (de)	mésange (f)	[mezɑ̃ʒ]
ekster (de)	pie (f)	[pi]
raaf (de)	corbeau (m)	[kɔrbo]

kraai (de)	corneille (f)	[kɔrnɛj]
kauw (de)	choucas (m)	[ʃuka]
roek (de)	freux (m)	[frø]
eend (de)	canard (m)	[kanar]
gans (de)	oie (f)	[wa]
fazant (de)	faisan (m)	[fəzã]
arend (de)	aigle (m)	[ɛgl]
havik (de)	épervier (m)	[epɛrvje]
valk (de)	faucon (m)	[fokɔ̃]
gier (de)	vautour (m)	[votur]
condor (de)	condor (m)	[kɔ̃dɔr]
zwaan (de)	cygne (m)	[siɲ]
kraanvogel (de)	grue (f)	[gry]
ooievaar (de)	cigogne (f)	[sigɔɲ]
papegaai (de)	perroquet (m)	[perɔkɛ]
kolibrie (de)	colibri (m)	[kɔlibri]
pauw (de)	paon (m)	[pã]
struisvogel (de)	autruche (f)	[otryʃ]
reiger (de)	héron (m)	[erɔ̃]
flamingo (de)	flamant (m)	[flamã]
pelikaan (de)	pélican (m)	[pelikã]
nachtegaal (de)	rossignol (m)	[rɔsiɲɔl]
zwaluw (de)	hirondelle (f)	[irɔ̃dɛl]
lijster (de)	merle (m)	[mɛrl]
zanglijster (de)	grive (f)	[griv]
merel (de)	merle (m) noir	[mɛrl nwar]
gierzwaluw (de)	martinet (m)	[martinɛ]
leeuwerik (de)	alouette (f) des champs	[alwɛt de ʃã]
kwartel (de)	caille (f)	[kaj]
specht (de)	pivert (m)	[pivɛr]
koekoek (de)	coucou (m)	[kuku]
uil (de)	chouette (f)	[ʃwɛt]
oehoe (de)	hibou (m)	[ibu]
auerhoen (het)	tétras (m)	[tetra]
korhoen (het)	tétras-lyre (m)	[tetralir]
patrijs (de)	perdrix (f)	[pɛrdri]
spreeuw (de)	étourneau (m)	[eturno]
kanarie (de)	canari (m)	[kanari]
hazelhoen (het)	gélinotte (f) des bois	[ʒelinɔt də bwa]
vink (de)	pinson (m)	[pɛ̃sɔ̃]
goudvink (de)	bouvreuil (m)	[buvrœj]
meeuw (de)	mouette (f)	[mwɛt]
albatros (de)	albatros (m)	[albatros]
pinguïn (de)	pingouin (m)	[pɛ̃gwɛ̃]

139. Vis. Zeedieren

brasem (de)	brème (f)	[brɛm]
karper (de)	carpe (f)	[karp]
baars (de)	perche (f)	[pɛrʃ]
meerval (de)	silure (m)	[silyr]
snoek (de)	brochet (m)	[brɔʃɛ]

zalm (de)	saumon (m)	[somɔ̃]
steur (de)	esturgeon (m)	[ɛstyrʒɔ̃]

haring (de)	hareng (m)	[arɑ̃]
atlantische zalm (de)	saumon (m) atlantique	[somɔ̃ atlɑ̃tik]
makreel (de)	maquereau (m)	[makro]
platvis (de)	flet (m)	[flɛ]

snoekbaars (de)	sandre (f)	[sɑ̃dr]
kabeljauw (de)	morue (f)	[mɔry]
tonijn (de)	thon (m)	[tɔ̃]
forel (de)	truite (f)	[trɥit]

paling (de)	anguille (f)	[ɑ̃gij]
sidderrog (de)	torpille (f)	[tɔrpij]
murene (de)	murène (f)	[myrɛn]
piranha (de)	piranha (m)	[piraɲa]

haai (de)	requin (m)	[rəkɛ̃]
dolfijn (de)	dauphin (m)	[dofɛ̃]
walvis (de)	baleine (f)	[balɛn]

krab (de)	crabe (m)	[krab]
kwal (de)	méduse (f)	[medyz]
octopus (de)	pieuvre (f), poulpe (m)	[pjœvr], [pulp]

zeester (de)	étoile (f) de mer	[etwal də mɛr]
zee-egel (de)	oursin (m)	[ursɛ̃]
zeepaardje (het)	hippocampe (m)	[ipɔkɑ̃p]

oester (de)	huître (f)	[ɥitr]
garnaal (de)	crevette (f)	[krəvɛt]
kreeft (de)	homard (m)	[ɔmar]
langoest (de)	langoustine (f)	[lɑ̃gustin]

140. Amfibieën. Reptielen

slang (de)	serpent (m)	[sɛrpɑ̃]
giftig (slang)	venimeux (adj)	[vənimø]

adder (de)	vipère (f)	[vipɛr]
cobra (de)	cobra (m)	[kɔbra]
python (de)	python (m)	[pitɔ̃]
boa (de)	boa (m)	[bɔa]
ringslang (de)	couleuvre (f)	[kulœvr]

ratelslang (de)	serpent (m) à sonnettes	[sɛrpɑ̃ a sɔnɛt]
anaconda (de)	anaconda (m)	[anakɔ̃da]
hagedis (de)	lézard (m)	[lezar]
leguaan (de)	iguane (m)	[igwan]
varaan (de)	varan (m)	[varɑ̃]
salamander (de)	salamandre (f)	[salamɑ̃dr]
kameleon (de)	caméléon (m)	[kameleɔ̃]
schorpioen (de)	scorpion (m)	[skɔrpjɔ̃]
schildpad (de)	tortue (f)	[tɔrty]
kikker (de)	grenouille (f)	[grənuj]
pad (de)	crapaud (m)	[krapo]
krokodil (de)	crocodile (m)	[krɔkɔdil]

141. Insecten

insect (het)	insecte (m)	[ɛ̃sɛkt]
vlinder (de)	papillon (m)	[papijɔ̃]
mier (de)	fourmi (f)	[furmi]
vlieg (de)	mouche (f)	[muʃ]
mug (de)	moustique (m)	[mustik]
kever (de)	scarabée (m)	[skarabe]
wesp (de)	guêpe (f)	[gɛp]
bij (de)	abeille (f)	[abɛj]
hommel (de)	bourdon (m)	[burdɔ̃]
horzel (de)	œstre (m)	[ɛstr]
spin (de)	araignée (f)	[areɲe]
spinnenweb (het)	toile (f) d'araignée	[twal dareɲe]
libel (de)	libellule (f)	[libelyl]
sprinkhaan (de)	sauterelle (f)	[sotrɛl]
nachtvlinder (de)	papillon (m)	[papijɔ̃]
kakkerlak (de)	cafard (m)	[kafar]
mijt (de)	tique (f)	[tik]
vlo (de)	puce (f)	[pys]
kriebelmug (de)	moucheron (m)	[muʃrɔ̃]
treksprinkhaan (de)	criquet (m)	[krikɛ]
slak (de)	escargot (m)	[ɛskargo]
krekel (de)	grillon (m)	[grijɔ̃]
glimworm (de)	luciole (f)	[lysjɔl]
lieveheersbeestje (het)	coccinelle (f)	[kɔksinɛl]
meikever (de)	hanneton (m)	[antɔ̃]
bloedzuiger (de)	sangsue (f)	[sɑ̃sy]
rups (de)	chenille (f)	[ʃənij]
aardworm (de)	ver (m)	[vɛr]
larve (de)	larve (f)	[larv]

Flora

142. Bomen

boom (de)	arbre (m)	[arbr]
loof- (abn)	à feuilles caduques	[a fœj kadyk]
dennen- (abn)	conifère (adj)	[kɔnifɛr]
groenblijvend (bn)	à feuilles persistantes	[a fœj pɛrsistãt]

appelboom (de)	pommier (m)	[pɔmje]
perenboom (de)	poirier (m)	[pwarje]
zoete kers (de)	merisier (m)	[mərizje]
zure kers (de)	cerisier (m)	[sərizje]
pruimelaar (de)	prunier (m)	[prynje]

berk (de)	bouleau (m)	[bulo]
eik (de)	chêne (m)	[ʃɛn]
linde (de)	tilleul (m)	[tijœl]
esp (de)	tremble (m)	[trãbl]
esdoorn (de)	érable (m)	[erabl]

spar (de)	épicéa (m)	[episea]
den (de)	pin (m)	[pɛ̃]
lariks (de)	mélèze (m)	[melɛz]
zilverspar (de)	sapin (m)	[sapɛ̃]
ceder (de)	cèdre (m)	[sɛdr]

populier (de)	peuplier (m)	[pøplije]
lijsterbes (de)	sorbier (m)	[sɔrbje]
wilg (de)	saule (m)	[sol]
els (de)	aune (m)	[on]
beuk (de)	hêtre (m)	[ɛtr]
iep (de)	orme (m)	[ɔrm]
es (de)	frêne (m)	[frɛn]
kastanje (de)	marronnier (m)	[marɔnje]

magnolia (de)	magnolia (m)	[maɲɔlja]
palm (de)	palmier (m)	[palmje]
cipres (de)	cyprès (m)	[siprɛ]
mangrove (de)	palétuvier (m)	[paletyvje]
baobab (apenbroodboom)	baobab (m)	[baɔbab]
eucalyptus (de)	eucalyptus (m)	[økaliptys]
mammoetboom (de)	séquoia (m)	[sekɔja]

143. Heesters

struik (de)	buisson (m)	[bɥisɔ̃]
heester (de)	arbrisseau (m)	[arbriso]

wijnstok (de)	vigne (f)	[viɲ]
wijngaard (de)	vigne (f)	[viɲ]

frambozenstruik (de)	framboise (f)	[frɑ̃bwaz]
zwarte bes (de)	cassis (m)	[kasis]
rode bessenstruik (de)	groseille (f) rouge	[grozɛj ruʒ]
kruisbessenstruik (de)	groseille (f) verte	[grozɛj vɛrt]

acacia (de)	acacia (m)	[akasja]
zuurbes (de)	berbéris (m)	[bɛrberis]
jasmijn (de)	jasmin (m)	[ʒasmɛ̃]

jeneverbes (de)	genévrier (m)	[ʒənevrije]
rozenstruik (de)	rosier (m)	[rozje]
hondsroos (de)	églantier (m)	[eglɑ̃tje]

144. Vruchten. Bessen

vrucht (de)	fruit (m)	[frɥi]
vruchten (mv.)	fruits (m pl)	[frɥi]
appel (de)	pomme (f)	[pɔm]
peer (de)	poire (f)	[pwar]
pruim (de)	prune (f)	[pryn]

aardbei (de)	fraise (f)	[frɛz]
zure kers (de)	cerise (f)	[səriz]
zoete kers (de)	merise (f)	[məriz]
druif (de)	raisin (m)	[rɛzɛ̃]

framboos (de)	framboise (f)	[frɑ̃bwaz]
zwarte bes (de)	cassis (m)	[kasis]
rode bes (de)	groseille (f) rouge	[grozɛj ruʒ]
kruisbes (de)	groseille (f) verte	[grozɛj vɛrt]
veenbes (de)	canneberge (f)	[kanbɛrʒ]

sinaasappel (de)	orange (f)	[ɔrɑ̃ʒ]
mandarijn (de)	mandarine (f)	[mɑ̃darin]
ananas (de)	ananas (m)	[anana]

banaan (de)	banane (f)	[banan]
dadel (de)	datte (f)	[dat]

citroen (de)	citron (m)	[sitrɔ̃]
abrikoos (de)	abricot (m)	[abriko]
perzik (de)	pêche (f)	[pɛʃ]

kiwi (de)	kiwi (m)	[kiwi]
grapefruit (de)	pamplemousse (m)	[pɑ̃pləmus]

bes (de)	baie (f)	[bɛ]
bessen (mv.)	baies (f pl)	[bɛ]
vossenbes (de)	airelle (f) rouge	[ɛrɛl ruʒ]
bosaardbei (de)	fraise (f) des bois	[frɛz de bwa]
bosbes (de)	myrtille (f)	[mirtij]

145. Bloemen. Planten

bloem (de)	fleur (f)	[flœr]
boeket (het)	bouquet (m)	[bukɛ]
roos (de)	rose (f)	[roz]
tulp (de)	tulipe (f)	[tylip]
anjer (de)	oeillet (m)	[œjɛ]
gladiool (de)	glaïeul (m)	[glajœl]
korenbloem (de)	bleuet (m)	[bløɛ]
klokje (het)	campanule (f)	[kɑ̃panyl]
paardenbloem (de)	dent-de-lion (f)	[dɑ̃dəljɔ̃]
kamille (de)	marguerite (f)	[margərit]
aloë (de)	aloès (m)	[alɔɛs]
cactus (de)	cactus (m)	[kaktys]
ficus (de)	ficus (m)	[fikys]
lelie (de)	lis (m)	[li]
geranium (de)	géranium (m)	[ʒeranjɔm]
hyacint (de)	jacinthe (f)	[ʒasɛ̃t]
mimosa (de)	mimosa (m)	[mimɔza]
narcis (de)	jonquille (f)	[ʒɔ̃kij]
Oostindische kers (de)	capucine (f)	[kapysin]
orchidee (de)	orchidée (f)	[ɔrkide]
pioenroos (de)	pivoine (f)	[pivwan]
viooltje (het)	violette (f)	[vjɔlɛt]
driekleurig viooltje (het)	pensée (f)	[pɑ̃se]
vergeet-mij-nietje (het)	myosotis (m)	[mjɔzɔtis]
madeliefje (het)	pâquerette (f)	[pɑkrɛt]
papaver (de)	coquelicot (m)	[kɔkliko]
hennep (de)	chanvre (m)	[ʃɑ̃vr]
munt (de)	menthe (f)	[mɑ̃t]
lelietje-van-dalen (het)	muguet (m)	[mygɛ]
sneeuwklokje (het)	perce-neige (f)	[pɛrsənɛʒ]
brandnetel (de)	ortie (f)	[ɔrti]
veldzuring (de)	oseille (f)	[ozɛj]
waterlelie (de)	nénuphar (m)	[nenyfar]
varen (de)	fougère (f)	[fuʒɛr]
korstmos (het)	lichen (m)	[likɛn]
oranjerie (de)	serre (f) tropicale	[sɛr trɔpikal]
gazon (het)	gazon (m)	[gazɔ̃]
bloemperk (het)	parterre (m) de fleurs	[partɛr də flœr]
plant (de)	plante (f)	[plɑ̃t]
gras (het)	herbe (f)	[ɛrb]
grasspriet (de)	brin (m) d'herbe	[brɛ̃ dɛrb]

blad (het)	feuille (f)	[fœj]
bloemblad (het)	pétale (m)	[petal]
stengel (de)	tige (f)	[tiʒ]
knol (de)	tubercule (m)	[tybɛrkyl]
scheut (de)	pousse (f)	[pus]
doorn (de)	épine (f)	[epin]
bloeien (ww)	fleurir (vi)	[flœrir]
verwelken (ww)	se faner (vp)	[sə fane]
geur (de)	odeur (f)	[ɔdœr]
snijden (bijv. bloemen ~)	couper (vt)	[kupe]
plukken (bloemen ~)	cueillir (vt)	[kœjir]

146. Granen, graankorrels

graan (het)	grains (m pl)	[grɛ̃]
graangewassen (mv.)	céréales (f pl)	[sereal]
aar (de)	épi (m)	[epi]
tarwe (de)	blé (m)	[ble]
rogge (de)	seigle (m)	[sɛgl]
haver (de)	avoine (f)	[avwan]
gierst (de)	millet (m)	[mijɛ]
gerst (de)	orge (f)	[ɔrʒ]
maïs (de)	maïs (m)	[mais]
rijst (de)	riz (m)	[ri]
boekweit (de)	sarrasin (m)	[sarazɛ̃]
erwt (de)	pois (m)	[pwa]
boon (de)	haricot (m)	[ariko]
soja (de)	soja (m)	[sɔʒa]
linze (de)	lentille (f)	[lɑ̃tij]

LANDEN. NATIONALITEITEN

147. West-Europa

Europa (het)	Europe (f)	[ørɔp]
Europese Unie (de)	Union (f) européenne	[ynjɔn ørɔpeɛn]

Oostenrijk (het)	Autriche (f)	[otriʃ]
Groot-Brittannië (het)	Grande-Bretagne (f)	[grɑ̃dbrətaɲ]
Engeland (het)	Angleterre (f)	[ɑ̃glətɛr]
België (het)	Belgique (f)	[bɛlʒik]
Duitsland (het)	Allemagne (f)	[almaɲ]

Nederland (het)	Pays-Bas (m)	[peiba]
Holland (het)	Hollande (f)	[ɔlɑ̃d]
Griekenland (het)	Grèce (f)	[grɛs]
Denemarken (het)	Danemark (m)	[danmark]
Ierland (het)	Irlande (f)	[irlɑ̃d]
IJsland (het)	Islande (f)	[islɑ̃d]

Spanje (het)	Espagne (f)	[ɛspaɲ]
Italië (het)	Italie (f)	[itali]
Cyprus (het)	Chypre (m)	[ʃipr]
Malta (het)	Malte (f)	[malt]

Noorwegen (het)	Norvège (f)	[nɔrvɛʒ]
Portugal (het)	Portugal (m)	[pɔrtygal]
Finland (het)	Finlande (f)	[fɛ̃lɑ̃d]
Frankrijk (het)	France (f)	[frɑ̃s]

Zweden (het)	Suède (f)	[sɥɛd]
Zwitserland (het)	Suisse (f)	[sɥis]
Schotland (het)	Écosse (f)	[ekɔs]

Vaticaanstad (de)	Vatican (m)	[vatikɑ̃]
Liechtenstein (het)	Liechtenstein (m)	[liʃtɛnʃtajn]
Luxemburg (het)	Luxembourg (m)	[lyksɑ̃bur]
Monaco (het)	Monaco (m)	[mɔnako]

148. Centraal- en Oost-Europa

Albanië (het)	Albanie (f)	[albani]
Bulgarije (het)	Bulgarie (f)	[bylgari]
Hongarije (het)	Hongrie (f)	[ɔ̃gri]
Letland (het)	Lettonie (f)	[lɛtɔni]

Litouwen (het)	Lituanie (f)	[lityani]
Polen (het)	Pologne (f)	[pɔlɔɲ]

Roemenië (het)	Roumanie (f)	[rumani]
Servië (het)	Serbie (f)	[sɛrbi]
Slowakije (het)	Slovaquie (f)	[slɔvaki]
Kroatië (het)	Croatie (f)	[krɔasi]
Tsjechië (het)	République (f) Tchèque	[repyblik tʃɛk]
Estland (het)	Estonie (f)	[ɛstɔni]
Bosnië en Herzegovina (het)	Bosnie (f)	[bɔsni]
Macedonië (het)	Macédoine (f)	[masedwan]
Slovenië (het)	Slovénie (f)	[slɔveni]
Montenegro (het)	Monténégro (m)	[mɔ̃tenegro]

149. Voormalige USSR landen

Azerbeidzjan (het)	Azerbaïdjan (m)	[azɛrbajdʒɑ̃]
Armenië (het)	Arménie (f)	[armeni]
Wit-Rusland (het)	Biélorussie (f)	[bjelɔrysi]
Georgië (het)	Géorgie (f)	[ʒeɔrʒi]
Kazakstan (het)	Kazakhstan (m)	[kazakstɑ̃]
Kirgizië (het)	Kirghizistan (m)	[kirgizistɑ̃]
Moldavië (het)	Moldavie (f)	[mɔldavi]
Rusland (het)	Russie (f)	[rysi]
Oekraïne (het)	Ukraine (f)	[ykrɛn]
Tadzjikistan (het)	Tadjikistan (m)	[tadʒikistɑ̃]
Turkmenistan (het)	Turkménistan (m)	[tyrkmenistɑ̃]
Oezbekistan (het)	Ouzbékistan (m)	[uzbekistɑ̃]

150. Azië

Azië (het)	Asie (f)	[azi]
Vietnam (het)	Vietnam (m)	[vjɛtnam]
India (het)	Inde (f)	[ɛ̃d]
Israël (het)	Israël (m)	[israɛl]
China (het)	Chine (f)	[ʃin]
Libanon (het)	Liban (m)	[libɑ̃]
Mongolië (het)	Mongolie (f)	[mɔ̃gɔli]
Maleisië (het)	Malaisie (f)	[malɛzi]
Pakistan (het)	Pakistan (m)	[pakistɑ̃]
Saoedi-Arabië (het)	Arabie (f) Saoudite	[arabi saudit]
Thailand (het)	Thaïlande (f)	[tajlɑ̃d]
Taiwan (het)	Taïwan (m)	[tajwan]
Turkije (het)	Turquie (f)	[tyrki]
Japan (het)	Japon (m)	[ʒapɔ̃]
Afghanistan (het)	Afghanistan (m)	[afganistɑ̃]
Bangladesh (het)	Bangladesh (m)	[bɑ̃gladɛʃ]

Indonesië (het)	**Indonésie** (f)	[ɛ̃dɔnezi]
Jordanië (het)	**Jordanie** (f)	[ʒɔrdani]
Irak (het)	**Iraq** (m)	[irak]
Iran (het)	**Iran** (m)	[irɑ̃]
Cambodja (het)	**Cambodge** (m)	[kɑ̃bɔdʒ]
Koeweit (het)	**Koweït** (m)	[kɔwɛjt]
Laos (het)	**Laos** (m)	[laos]
Myanmar (het)	**Myanmar** (m)	[mjanmar]
Nepal (het)	**Népal** (m)	[nepal]
Verenigde Arabische Emiraten	**Fédération** (f) **des Émirats Arabes Unis**	[federasjɔ̃ dezemira arabzyni]
Syrië (het)	**Syrie** (f)	[siri]
Palestijnse autonomie (de)	**Palestine** (f)	[palɛstin]
Zuid-Korea (het)	**Corée** (f) **du Sud**	[kɔre dy syd]
Noord-Korea (het)	**Corée** (f) **du Nord**	[kɔre dy nɔr]

151. Noord-Amerika

Verenigde Staten van Amerika	**les États Unis**	[lezeta zyni]
Canada (het)	**Canada** (m)	[kanada]
Mexico (het)	**Mexique** (m)	[mɛksik]

152. Midden- en Zuid-Amerika

Argentinië (het)	**Argentine** (f)	[arʒɑ̃tin]
Brazilië (het)	**Brésil** (m)	[brezil]
Colombia (het)	**Colombie** (f)	[kɔlɔ̃bi]
Cuba (het)	**Cuba** (f)	[kyba]
Chili (het)	**Chili** (m)	[ʃili]
Bolivia (het)	**Bolivie** (f)	[bɔlivi]
Venezuela (het)	**Venezuela** (f)	[venezµela]
Paraguay (het)	**Paraguay** (m)	[paragwɛ]
Peru (het)	**Pérou** (m)	[peru]
Suriname (het)	**Surinam** (m)	[syrinam]
Uruguay (het)	**Uruguay** (m)	[yrygwɛ]
Ecuador (het)	**Équateur** (m)	[ekwatœr]
Bahama's (mv.)	**Bahamas** (f pl)	[baamas]
Haïti (het)	**Haïti** (m)	[aiti]
Dominicaanse Republiek (de)	**République** (f) **Dominicaine**	[repyblik dɔminikɛn]
Panama (het)	**Panamá** (m)	[panama]
Jamaica (het)	**Jamaïque** (f)	[ʒamaik]

153. Afrika

Egypte (het)	Égypte (f)	[eʒipt]
Marokko (het)	Maroc (m)	[marɔk]
Tunesië (het)	Tunisie (f)	[tynizi]
Ghana (het)	Ghana (m)	[gana]
Zanzibar (het)	Zanzibar (m)	[zãzibar]
Kenia (het)	Kenya (m)	[kenja]
Libië (het)	Libye (f)	[libi]
Madagaskar (het)	Madagascar (f)	[madagaskar]
Namibië (het)	Namibie (f)	[namibi]
Senegal (het)	Sénégal (m)	[senegal]
Tanzania (het)	Tanzanie (f)	[tãzani]
Zuid-Afrika (het)	République (f) Sud-africaine	[repyblik sydafrikɛn]

154. Australië. Oceanië

Australië (het)	Australie (f)	[ostrali]
Nieuw-Zeeland (het)	Nouvelle Zélande (f)	[nuvɛl zelãd]
Tasmanië (het)	Tasmanie (f)	[tasmani]
Frans-Polynesië	Polynésie (f) Française	[pɔlinezi frãsɛz]

155. Steden

Amsterdam	Amsterdam (f)	[amstɛrdam]
Ankara	Ankara (m)	[ãkara]
Athene	Athènes (m)	[atɛn]
Bagdad	Bagdad (m)	[bagdad]
Bangkok	Bangkok (m)	[bãkɔk]
Barcelona	Barcelone (f)	[barsəlɔn]
Beiroet	Beyrouth (m)	[berut]
Berlijn	Berlin (m)	[bɛrlɛ̃]
Boedapest	Budapest (m)	[bydapɛst]
Boekarest	Bucarest (m)	[bykarɛst]
Bombay, Mumbai	Bombay (m)	[bõbɛ]
Bonn	Bonn (f)	[bɔn]
Bordeaux	Bordeaux (f)	[bɔrdo]
Bratislava	Bratislava (m)	[bratislava]
Brussel	Bruxelles (m)	[brysɛl]
Caïro	Caire (m)	[kɛr]
Calcutta	Calcutta (f)	[kalkyta]
Chicago	Chicago (f)	[ʃikago]
Dar Es Salaam	Dar es-Salaam (f)	[darɛssalam]
Delhi	Delhi (f)	[deli]
Den Haag	Hague (f)	[ag]

Dubai	Dubaï (f)	[dybaj]
Dublin	Dublin (f)	[dyblɛ̃]
Düsseldorf	Düsseldorf (f)	[dysɛldɔrf]
Florence	Florence (f)	[flɔrɑ̃s]

Frankfort	Francfort (f)	[frɑ̃kfɔr]
Genève	Genève (f)	[ʒənɛv]
Hamburg	Hambourg (f)	[ɑ̃bur]
Hanoi	Hanoi (f)	[anɔj]
Havana	Havane (f)	[avan]

Helsinki	Helsinki (f)	[ɛlsiŋki]
Hiroshima	Hiroshima (f)	[iroʃima]
Hongkong	Hong Kong (m)	[ɔ̃gkɔ̃g]
Istanbul	Istanbul (f)	[istɑ̃bul]
Jeruzalem	Jérusalem (f)	[ʒeryzalɛm]
Kiev	Kiev (f)	[kjɛf]

Kopenhagen	Copenhague (f)	[kɔpənag]
Kuala Lumpur	Kuala Lumpur (f)	[kwalalumpur]
Lissabon	Lisbonne (f)	[lizbɔn]
Londen	Londres (m)	[lɔ̃dr]
Los Angeles	Los Angeles (f)	[lɔsɑ̃dʒəlɛs]

Lyon	Lyon (f)	[ljɔ̃]
Madrid	Madrid (f)	[madrid]
Marseille	Marseille (f)	[marsɛj]
Mexico-Stad	Mexico (f)	[mɛksiko]
Miami	Miami (f)	[miami]

Montreal	Montréal (f)	[mɔ̃real]
Moskou	Moscou (f)	[mɔsku]
München	Munich (f)	[mynik]
Nairobi	Nairobi (f)	[nɛrɔbi]
Napels	Naples (f)	[napl]

New York	New York (f)	[nujɔrk]
Nice	Nice (f)	[nis]
Oslo	Oslo (m)	[ɔslo]
Ottawa	Ottawa (m)	[ɔtawa]
Parijs	Paris (m)	[pari]

Peking	Pékin (m)	[pekɛ̃]
Praag	Prague (m)	[prag]
Rio de Janeiro	Rio de Janeiro (m)	[rijodədʒanɛro]
Rome	Rome (f)	[rɔm]
Seoel	Séoul (m)	[seul]
Singapore	Singapour (f)	[sɛ̃gapur]

Sint-Petersburg	Saint-Pétersbourg (m)	[sɛ̃petɛrsbur]
Sjanghai	Shanghai (m)	[ʃɑ̃gaj]
Stockholm	Stockholm (m)	[stɔkɔlm]
Sydney	Sidney (m)	[sidnɛ]
Taipei	Taipei (m)	[tajbɛj]
Tokio	Tokyo (m)	[tɔkjo]
Toronto	Toronto (m)	[tɔrɔ̃to]

Venetië	**Venise** (f)	[vəniz]
Warschau	**Varsovie** (f)	[varsɔvi]
Washington	**Washington** (f)	[waʃiŋtɔn]
Wenen	**Vienne** (f)	[vjɛn]

www.ingramcontent.com/pod-product-compliance
Lightning Source LLC
Chambersburg PA
CBHW070553050426
42450CB00011B/2838